Frédéric Balland

La Reliance

Des clés pour se déployer

Editions : La Fabrique du Précieux

© 2021 BALLAND, Frédéric
Édition : BoD – Books on Demand, 12/14 rond-point des
Champs-Élysées, 75008 Paris
Impression : BoD - Books on Demand, Norderstedt, Allemagne
ISBN : 9782322173655
Dépôt légal : Octobre 2021

À ma mère, à ses blessures, à mon inconscient besoin de les comprendre…
À mon père, à son indéfectible joie d'être lui-même.

À Chloé et Loïc, mes enfants du cœur.

Table des matières

INTRODUCTION

On attribue à Campay Segundo la citation suivante : « pour réussir sa vie, il faut faire un enfant, écrire un livre et planter un arbre. » Ce dicton latino-américain me plaît particulièrement parce que j'ai la sensation que le travail que je viens d'accomplir me permet de réaliser les trois à la fois !

Ce livre est mon premier enfant. Je l'ai porté en moi en lui donnant toute l'attention dont j'étais capable. J'espère l'avoir nourri de la plus belle des façons et je souhaite qu'il vous donne en retour cette richesse que nous avons partagée lui et moi.

Ce livre est un livre que j'ai écrit avec mon ventre. Et évidemment, cela a un sens dans le déroulement de ma vie. C'est la réalisation de ce que je suis devenu. L'accomplissement d'un rêve tellement lointain...

Enfin, à mon sens ce livre plante des arbres parce qu'il a l'ambition de semer des graines en vous ! J'avoue sortir un peu de la citation, mais je me demande si un homme qui se déploie n'est pas aussi lumineux que l'arbre centenaire au sommet d'une colline.

Ainsi selon cette citation, je « devrais » donc réussir ma vie!

Je n'ai pas encore le recul nécessaire pour vous dire si cela fonctionne. Une chose est sûre cependant : je m'emploie à temps plein à ce que ma vie soit la plus en harmonie possible avec ce qui vibre au fond de mon ventre. Et à ce titre, à défaut de « réussir ma vie », je suis déjà pleinement dedans ! Ce qui est sûrement l'essentiel.

Je porte en moi la conviction que nous sommes seuls responsables de notre bonheur, et la quête de ma propre vie ne se détourne pas de cette idée.

Même si, dans la réalité, ce n'est pas aussi facile que d'écrire ces trois phrases !

C'est certainement la raison principale qui a donné à mon parcours professionnel ce profil hors normes. Les regards les plus sévères emploient souvent les termes de « changeant », « instable » ou encore « insatisfait ». Je n'ai jamais eu peur des virages à angle droit et des changements radicaux.

Je devais être thérapeute pour devenir écrivain. Mais à l'âge de vingt ans, je n'aurais pas misé un centime sur cette perspective !

Alors ces vingt-cinq dernières années n'ont pas été de tout repos, ni pour moi ni pour mes proches. Les dégâts ont parfois été importants... « Réussir sa vie » ou seulement « être dedans » bouscule les habitudes et les inerties ! Je n'ai pourtant aucun regret.

Je suis finalement devenu thérapeute (vous lirez plus en détail comment j'y suis parvenu). Pour la première fois de mon existence, je me sens totalement à ma place. L'effet a été immédiat sur ma vie et surtout sur mon besoin d'en comprendre le sens, le fonctionnement et les dysfonctionnements. En accompagnant mes patients, je me suis accompagné moi-même dans le « grand tout » de l'homme, dans cette globalité et cette reliance (dont je n'ai découvert les termes et les concepts que bien après).

La somme de mes consultations deviendra cette matière que je ne pouvais garder pour moi seul. Transmettre ce que j'avais découvert me brûlait les mains. Et le projet de ce livre est né, tout naturellement.

Les chapitres se sont constitués assez vite. Le nombre treize m'est apparu comme une structure, une colonne vertébrale à donner à mon texte. La symbolique de ce chiffre m'a été largement inspirée par le calendrier maya (qui divise le temps en treize jours). Cette explication peut sembler peu rationnelle, mais ce découpage a été pour moi l'équivalent des petites roues pour l'écrivain débutant que j'étais et qui ne voulait surtout pas tomber en cours de route. Cela m'a servi de jalons pour me donner un rythme, une régularité dans mon travail quotidien d'écriture.

Au bout de quelques mois, je me suis aperçu que je n'avais plus de raison de tomber, alors j'ai organisé les chapitres dans l'ordre qui vous est proposé ici.

J'ai conscience que parler du « commencement » au premier chapitre de ce livre peut paraître logique, mais également un peu abrupt ! Dans le quotidien de mon cabinet, ce n'est pas forcément le sujet qui est abordé dès la première séance. J'ai pourtant pris le parti de suivre la trame du déroulement de la vie. Car l'histoire de celle-ci s'inscrit en nous dans cette continuité.

Quand il s'agit de prendre ou de reprendre le travail sur soi, les portes d'entrée ne sont jamais les mêmes. Les « éléments » à travailler diffèrent d'une personne à l'autre. L'important, pour avancer, sera de retrouver où se situe le blocage, à quelle période de la vie il s'est mis en place. Et une fois que le fil sera trouvé, il n'y aura «plus» qu'à le remonter.
Ainsi chacun, un jour ou l'autre se doit d'explorer son commencement…

Ce livre peut se lire de plusieurs façons :
– De manière linéaire, relativement légère, en suivant le voyage et les étapes qui vous sont proposés.
– De manière plus personnelle, en puisant dans son contenu, pour faire vous-même votre itinéraire, tel que vous pourriez le faire en séance ou en atelier.

N'hésitez pas à vous servir des espaces à la fin de chaque chapitre pour noter vos propres points de repère, ainsi que les mots ou les phrases qui viennent en vous « comme par hasard », spontanément. Et que ces notes deviennent vos clés !

Vous découvrirez que je ne cesse pas d'écrire que chacun d'entre nous est unique. Aussi, je vous souhaite de tout cœur d'osez faire une lecture profondément personnelle de ce livre.

1 Le commencement

« Le commencement est beaucoup plus que la moitié de l'objectif. »

Aristote

« L'homme le plus heureux est celui qui peut relier la fin de sa vie avec son commencement. »

Johann Wolfgang von Goethe

Au début fut le commencement*1...

Si vous parcourez ce livre, c'est que vous avez envie de vous connaître mieux, de changer quelques fonctionnements, de déchiffrer, de trouver du sens...

Il ne vous viendrait sûrement pas à l'esprit d'empoigner cet ouvrage à la page 50 ! Et de dire au terme de sa lecture : « je ne suis pas certain de tout comprendre, mais je ne sais pas pourquoi ! »

Écarter sciemment ce qui peut aider entraîne des conséquences d'une logique implacable.

La route que je propose de vous faire suivre débute par le commencement*. Et voici un premier exercice que je conseille vivement d'aborder quand vous vous sentirez prêt.

Dans ce premier exercice, vous raconterez, en moins de deux cents mots (l'équivalent d'une feuille A4), vos origines, ce que vous connaissez du déroulement de votre vie in utero, de celle de vos parents à cette époque et les faits marquants des premières années de votre petite enfance.

L'exercice semble facile, mais écrire sur soi est déroutant lorsque c'est la première fois que vous le pratiquez.

Partez du principe que vous avez le droit de tout rédiger, y compris ce que vous n'avez jamais osé.

Si vous maîtrisez davantage l'oral, imaginez-vous répondre à une interview et enregistrez-vous avec votre téléphone avant de retranscrire votre monologue.

Pour coller à l'exercice, les mots que vous écrirez devront le plus possible décrire la réalité factuelle de ce commencement.

Plus vous réussirez à exprimer sans filtre cette période, plus l'exercice pourra vous apporter un contenu fidèle pour engager le travail.

Je vous conseille d'écrire ou de faire votre monologue en une seule fois, avec éventuellement une limite de temps qui vous empêchera de vous corriger.

---

1 *Les termes avec une * renvoient au glossaire en fin d'ouvrage*

Soyez spontané. Laissez sortir, sans réfléchir. Ainsi, l'autocensure que chacun pratique plus ou moins consciemment ne pourra pas fausser l'exercice.

Puis laissez votre travail plusieurs heures, voire plusieurs jours.

Ensuite lors d'une relecture vous aurez deux choix possibles :
– soit, vous considérez que votre texte correspond au juste reflet de votre commencement. Dans ce cas, vous aurez entre les mains une version pour entreprendre votre travail ;
– soit au contraire vous aurez envie de modifier certaines choses, alors je vous conseille de détruire votre premier jet et de recommencer l'exercice de zéro.
Enfin, laissez reposer quelque temps avant de vous demander si ce texte nouveau vous semble plus juste que la fois précédente. Et surtout, refaites-le autant que nécessaire.

À titre d'exemple, voici cent cinquante-cinq mots qui répondent à la consigne de l'exercice :
« Je suis le dernier enfant d'une fratrie de quatre. Je "ne suis pas voulu". Je "suis un accident". Je "suis un changement de méthode ratée" comme le répète mon père en parlant fort à la fin de tous les repas de famille de mon enfance.
Ma mère est excessivement en colère de se retrouver enceinte à 43 ans d'autant que ma sœur aînée l'est également dans cette même période.
Mon frère aîné a déjà quitté la maison quand j'arrive. Et mon second frère fait de même avant que mes couches ne soient propres.
Je suis le petit dernier, élevé comme l'enfant unique.
J'ai souvent entendu dire avoir été chouchouté. Aujourd'hui quand je regarde ce début de ma vie, j'en doute.
Je dis plus volontiers que j'ai grandi seul, dans une totale indifférence.
Je me souviens des nombreuses peurs de ma mère et d'un père avec lequel je ne partage que les miettes de sa vie. »

Ces mots parlent de mon commencement, d'où je viens et ils rapportent des éléments importants des premiers moments de ma vie.

Pourquoi raconter son commencement ?

Pouvons-nous apprendre à mieux nous connaître tout en ignorant l'intérêt de regarder la naissance de notre histoire, en décidant d'occulter ce qui permet de comprendre les actes du présent ?

J'ai souvent l'impression que certains rangent cette époque dans une boîte en fer blanc ou un coffre fermé à double tour pour éviter d'y toucher, d'en parler, de s'en occuper, consciemment ou inconsciemment !

Quand nous allons au cinéma, arrivons-nous systématiquement après les dix premières minutes du film ? Non bien sûr.

Nous avons certainement conscience qu'agir ainsi compliquerait notre compréhension du film. Alors pourquoi procédons-nous de la même manière lorsqu'il s'agit de notre commencement ? Pourquoi tant de difficulté à connaître et visionner le film de l'origine de notre vie ?

L'absence de souvenirs et l'impossibilité de s'appuyer sur une mémoire mentale fiable rendent forcément l'exercice périlleux. Devoir se contenter de ce que les parents nous ont raconté n'apporte parfois qu'un contenu bien maigre ou subjectif.

Par ailleurs, le discours entendu peut se révéler partiellement ou totalement faux. Dans certaines familles, des secrets ou non-dits façonnent des comportements incompréhensibles et d'une telle fragilité que leurs divulgations pourraient changer plus ou moins radicalement la vie des concernés.

Des discussions plus tardives avec d'autres acteurs, d'autres témoins de la vie familiale de ces périodes peuvent éclairer de grandes zones d'ombre. Malheureusement, il se peut que les protagonistes aient disparu quand nous déciderons de commencer notre travail. Ce qui n'exclura pas de trouver des réponses, parfois là où nous nous y attendions le moins.

Je crois qu'il est indispensable de s'interroger sur cette période, de regarder les dix premières minutes de notre film ou lire les cinquante premières pages de notre roman.

Entreprenez cette démarche dès que vous serez prêt.

Le commencement caché dans l'ombre

En questionnant mes patients, beaucoup estiment que cette période qualifiée de « détail » n'existe pas vraiment, que ce n'est pas utile de chercher à savoir, de se remémorer. Ainsi, ils sont nombreux à faire commencer leur vie vers trois ou quatre ans…

Quand je vois l'étonnement dans les regards lorsque je leur demande de me raconter cette étape, je me dis qu'il est temps d'éclairer cette période et de lui donner le crédit qu'elle mérite.

Il est à noter que l'absence de souvenirs verbalisés avant trois ou quatre ans résulte de la non-maturité de l'hippocampe*. Ce qui ne veut pas dire que ceux-ci ne s'inscrivent pas par d'autres biais.

Le commencement de la vie est caché dans l'ombre. Pas de lumière pour cette étape. La mère peut mettre plusieurs jours, plusieurs semaines avant de se savoir enceinte. Dans certains cas extrêmes, la réalité de la grossesse est connue seulement quelques heures avant l'accouchement. Même si dans les faits, la majorité d'entre elles est connue et désirée. La grande aventure de la parentalité n'en demeure pas moins une expérience plus ou moins bien préparée…

Mais cela n'empêche pas de se demander à quelle seconde nous devons faire démarrer l'histoire. La rencontre d'un spermatozoïde avec un ovule peut-elle être le point de départ ? Est-ce que le top départ a lieu au stade embryonnaire ou à celui de fœtus ?

Le législateur lui-même s'interroge sur le moment précis du début de la vie et les débats sur l'IVG nous le rappellent de manière régulière.

L'officialisation légale de la vie démarre à la naissance viable du fœtus, mais devons-nous pour autant considérer la réalité de cet « avant » comme absence d'existence au sens strict ?

J'envisage le premier souffle comme l'ouverture du processus d'apprentissage de l'autonomie. Et je pense que l'action de DEVENIR est une étape personnelle, liée à l'articulation du commencement et de la constitution de l'environnement de chacun.

Par contre, la façon dont chacun va s'approprier ses premiers souvenirs verbalisés reste une totale énigme du fonctionnement du cerveau.

Ces souvenirs peuvent se relier par exemple avec les premiers mots prononcés, une image très nette d'un lieu ou un premier événement heureux ou douloureux.

Dans la somme des petits bouts de l'histoire « inconnue », mémorisée partiellement, quel déclic nous fera poser le curseur sur un point précis de la ligne de notre vie ?

Nous aurons toutes les chances de trouver cette réponse en prenant conscience de notre commencement et en nous interrogeant avec intérêt sur la signification de ce premier souvenir que nous aurons verbalisé.

Travailler son commencement

Dans mon exemple personnel, je sais la rudesse des mots employés. Que certaines phrases peuvent choquer, voire blesser les acteurs de mon histoire. Pourtant, c'est la réalité du discours que j'ai entendu tout au long de mon enfance.

Entendre mon père répéter en riant que je suis un accident et le fruit de l'inefficacité de la méthode Ogino (qu'il prononçait « euginox ») a résonné en moi différemment à l'âge de cinq, dix, vingt ou quarante ans.

Le premier souvenir mental* que j'ai de cette anecdote remonte à mes sept ou huit ans. J'ignore si j'ai demandé ce que voulait dire ce mot qui faisait tant rire les grands. Je sais seulement que j'ai dû accepter une absence totale d'explication et « euginox » demeura le mystère de mon enfance.

Durant mon adolescence, je l'ai rangé dans le tiroir « truc à caractère sexuel que je ne comprends pas ».

Ensuite, le jeune adulte a compris, mais n'a pas cherché à en savoir plus, fermant la boîte en fer blanc pendant vingt ans !

Enfin, ma curiosité d'homme en quête de lui-même m'a fait découvrir une simple déformation de langage. « Euginox » est devenu Kyusaku Ogino, gynécologue japonais, qui a donné son patronyme à un mode contraceptif de la fin des années soixante.

Le changement de méthode ratée s'est transformé en une contraception aléatoire et compliquée, basée sur des périodes d'abstinences précises, que mon père sera maladroit à maîtriser.

Qui serais-je aujourd'hui si mes parents me l'avaient expliqué lorsque j'avais cinq ans ? Ou même quelques années plus tard ?

J'ai longuement entendu le discours de mon père avant de pouvoir m'en souvenir et ensuite le comprendre. Mais je l'entendais encore et encore... Je sais qu'il prononçait ces mots malhabiles sans penser à mal, mais les mots reçus lorsque l'on est enfant, avec ou sans explication, définissent ce que l'on est dans l'instant et pour partie ce que l'on va devenir...

Après de nombreuses années de travail sur moi, avec ce que m'a procuré l'exercice du commencement, je peux sourire et rire de l'étiquette que j'ai reçue même si la douleur fut parfois vive !

Je me suis battu pour m'autoriser à dire cette simple phrase : tu as le droit d'exister !

La pièce manquante pour élucider ma difficulté à gérer ma légitimité s'est dévoilée parce que j'ai pris soin de regarder le début de mon film.

Mettre en lumière ce qui est dans l'ombre

Avancer dans la bonne direction sera la somme de tâtonnements, d'erreurs, de longues semaines d'immobilisme apparent. Le facteur temps dans le travail sur le commencement variera pour chacun sans qu'il soit possible d'appliquer des durées minimums. Ce qui ne veut pas dire qu'il faudra accumuler des mois et des années pour comprendre et progresser. Mais « seulement » réussir à aligner des faits marquants, des synchronicités, qui nous feront penser que c'est le bon moment.

Je sais aussi qu'il est souvent plus sécurisant de s'accommoder de l'inconfort que de chercher à connaître le contenu de la boîte en fer blanc... Il arrive que cet inconfort ne soit pas vécu comme tel, parce que nous n'avons pas de prise de conscience de son existence.

Entreprendre de mettre en lumière ce qui a toujours été laissé dans l'ombre (ou à de rares exceptions près), enclenche un mécanisme de compréhension, une envie de construire des liens, d'ouvrir les placards et permet de (re)découvrir le film.

Paradoxalement, rares sont les patients qui me disent avoir déterré des choses nouvelles ou inconnues. Même la découverte d'un « secret » est souvent accompagnée d'un « je m'en doutais depuis longtemps ! » Comme si nous voulions reculer jusqu'à l'extrême limite la révélation de ce que nous savions déjà…

Puisque nous en sommes le personnage principal, il est normal que nous ayons la sensation de connaître l'histoire : la mémoire du corps* a sauvegardé l'ensemble des données, sans que nous en ayons conscience.

Souvent, mes patients me disent lorsque nous travaillons sur ce sujet : « je n'avais jamais vu les choses de cette façon ! » ou « j'avais déjà tous les éléments, mais aujourd'hui, ils s'imbriquent parfaitement ! »

Quand j'entends ces phrases, c'est pour moi le signe que le travail pourra porter ses fruits.

Le poids de l'héritage familial dans le commencement

La rédaction de notre commencement pourra révéler une part importante d'histoires familiales, de bagages encombrants, de secrets, tels des « paquets-cadeaux » dont l'expertise nous échappe.

L'approche possible de ces liens transgénérationnels* pourra être abordée dans des ateliers de psychogénéalogie* ou avec la méthode des constellations familiales*. Cette part d'héritage émotionnel peut rester attachée à notre existence et à notre fonctionnement.

Ainsi, vous n'imaginez pas le nombre d'enfants qui naissent pour remplacer un défunt disparu tragiquement. Certains sont conçus pour retenir l'un des membres du couple qui menace de partir. D'autres encore, doivent composer toute leur vie avec la déception à peine dissimulée d'un parent qui aurait préféré avoir une fille et doit se contenter d'un garçon ou inversement. Et que dire des enfants non désirés, des enfants illégitimes que j'ai vus passer dans mon cabinet ?

Combien de dates anniversaires identiques dans une même famille, et de prénoms reçus chargés de l'histoire d'un grand-père, d'une tante ou d'un amoureux disparu ? Combien de métiers perpétués de génération en génération ?

Pour approfondir ce sujet passionnant, je vous conseille ces trois ouvrages : « Le syndrome du gisant[1] », « Aïe, mes aïeux[2] » et « Les liens qui libèrent, la thérapie familiale systémique selon Bert Hellinger[3] ».

J'espère aussi que la lecture de mon livre vous permettra de trouver des outils pour avancer.

Quelle part de responsabilité ?

La phrase que je répète le plus souvent lors de mes séances est : « Vous êtes totalement responsable de la personne que vous êtes ! » Je sais par expérience la difficulté à entendre et accepter cette affirmation !

Il est tellement plus aisé de croire que ce sont les autres qui font notre malheur que certains ne peuvent s'imaginer porter la moindre responsabilité dans le déroulé de leur existence.

Mais comment intégrer cette phrase dans l'histoire de notre commencement ?

Pouvons-nous et devons-nous considérer la responsabilité de nos actes durant cette période ?

Nous avons su manifester, de toute évidence, nos envies et encore plus facilement nos rejets, mais pouvons-nous en déduire qu'ils furent le résultat d'un véritable choix analysé et conscient ?

A priori, il est difficile de parler d'une responsabilité au sens strict…

Mais si nous admettons qu'un nourrisson ou un très jeune enfant ne maîtrise pas ses choix, alors tous les enfants seraient supposés réagir de manière analogue à des situations équivalentes.

Si la décision n'est qu'une réponse à un stimulus de l'environnement,

– tous les bébés du monde devraient aimer les carottes et détester les épinards,

---

[1] *Dr Salomon Sellam, édition Bérangel, (2ième édition 2004).*

[2] *Anne Ancelin Schützenberger, édition DESCLEE DE BROUWER (16ième édition 2015).*

[3] *Dr Gunthard Weber, Grancher (1998)*

– tous les jeunes enfants devraient pleurer dès qu'ils se retrouvent seuls dans une pièce,
– rire aux éclats en voyant un gros chien noir venir à eux,
– sursauter quand la musique dépasse la zone de confort…
Mais dans les faits, tout le monde sait que les comportements sont uniques, y compris entre frères et sœurs, voire entre jumeaux. Personne ne répond de façon homogène à des stimuli identiques !
Cette réalité laisse supposer qu'une coresponsabilité existe.

La part « d'attitudes propres »

Ainsi nous évoluons dans la période du commencement en puisant de manière personnelle, dans l'environnement qui nous est donné.
Embarqué dans un corps, comme dans un vaisseau intergalactique, le voyage réalisé est ahurissant ! Mais est-ce que l'enveloppe et son contenu se construisent simultanément ? Prenons-nous possession d'un corps ou est-ce la naissance du corps qui crée ce que nous sommes ?
Il est naturel de se demander à quoi correspond l'âme ou l'esprit, puisqu'il semblerait que chacun garde une part d'attitudes propres (pour ne pas écrire immédiatement « libre arbitre »).
« *Le modèle de l'Esprit suppose dans tous les cas que l'on admette l'existence d'une partie de notre conscience qui serait distincte de notre cerveau, à la fois complémentaire et immatérielle, c'est à dire qui ne pourrait pas être le résultat des milliards d'interactions neuronales qui sont l'expression de nos pensées et de nos actes.* »
Cette définition de Philippe Guillemant[1] donne à penser que l'unicité qui nous caractérise peut venir d'en dehors de nous-mêmes. Cette part immatérielle que je nomme l'esprit-conscient*.

---

[1] « *La route du temps* », *édition Le Temps Présent 2014.*
Philippe Guillemant est chercheur au CNRS, physicien du rayonnement et référence internationale de la vision artificielle. Il s'intéresse au temps et aux synchronicités. Il est auteur et conférencier.

Perdre cette unicité que nos modes de vie et la société remplacent au profit de l'uniformité, entraîne toutes les manifestations du mal-être.

Et mon livre ne vous parlera pas d'autre chose : vous et votre richesse unique.

« Le miracle de ma vie »

Mais retournons encore pour quelques lignes dans notre corps-vaisseau du commencement. Lorsque nous avons dû apprendre à recevoir, puis à ranger les émotions de maman et du monde autour, les bruits, les silences, le vide parfois, l'amour aussi…

J'insiste sur l'importance de ce regard sur nous-mêmes, sur cette co-création entre nous et notre environnement.

Examinez à quel point la grossesse des personnes qui nous sont proches est primordiale. Je m'adresse aux parents qui ont vécu ce moment magique avec intensité, mais qui n'ont jamais pris une minute pour se dire : « D'ailleurs, comment s'est passé mon propre voyage, de la cellule à mon premier souffle ? »

Rien n'éloigne les hommes et les femmes qui ne sont pas parents de cette absence de conscience initiale, je dirais presque de cette conscience constitutive.

Le miracle de la vie émeut tout un chacun, des plus sensibles aux plus rustres, mais rares sont ceux qui se souviennent qu'ils sont le MIRACLE DE LEUR PROPRE VIE !

Cette interrogation du commencement doit pouvoir nous emmener jusqu'à cette origine, sur l'essence même de la vie, sur le sens de notre vie.

Devenir

Vient ensuite l'explosion vitale de la naissance, le premier pas vers l'autonomie. Le flot des informations, toujours grandissant, ne va plus jamais s'arrêter.

Et l'esprit va devoir cohabiter avec la réalité de l'environnement. DEVENIR sera la somme des émotions et des apprentissages.

La nourriture reçue durant le commencement pourra alors :
– élaborer des fonctionnements ;
– ouvrir des schémas de pensées ;

– installer des filtres protecteurs ;
– faire naître des idées, des peurs, des manques, des questions, des envies ;
– façonner la femme ou l'homme que nous sommes devenu, mais qui aujourd'hui trébuche souvent aux mêmes « endroits » de sa vie ;
– remplir le sac à dos de choses à porter qui ne nous appartiennent pas…

Pour illustrer mon propos, voici l'histoire d'un patient qui est venu me voir au début de ma carrière et qui a certainement contribué à ma prise de conscience personnelle de l'importance du commencement dans le processus thérapeutique.

Ce jeune patient de vingt-cinq ans vient me consulter pour un mal de dos récurrent. Il a réalisé tous les diagnostics auprès de tous les spécialistes qui confirment tous le verdict : aucune cause physiologique à son symptôme.

Il vient me voir parce qu'à force d'insistance, un chirurgien envisage tout de même une opération sur une vertèbre, ce qui finalement l'effraie.

Lors d'une séance unique, nous travaillons en partie sur son commencement. Mon patient me dit qu'il a réussi avec succès ses examens et exerce dans le milieu artistique. Son père, charpentier, s'est sacrifié pour offrir à son fils la possibilité d'étudier et d'apprendre un métier moins fatigant que le sien. Pour y parvenir, il s'est « cassé le dos » à la tâche. Le fils a lui aussi très bien rempli sa mission, mais se sent obligé de partager la douleur de son père…

Je lui fais remarquer qu'il y a sûrement d'autres moyens de le remercier et mon patient fond en larmes.

J'ai reçu plus tard un message me faisant part de la fin instantanée de ses douleurs.

Le bonheur de la décision

Le commencement peut également faire apparaître les souvenirs des jours heureux. Nous avons toutes et tous cette nostalgie quand nous contemplons cette somme de petites choses que nous adorions réaliser. Des actes en harmonie avec nos envies, qui nous rendaient invincibles.

Il est difficile de trouver les raisons pour lesquelles nous nous éloignons de ces bonheurs simples et de notre enfant intérieur.

Vous souvenez-vous de cette facilité que vous aviez à dire non pour préserver ce dont vous aviez besoin ?

Après plusieurs années, la sensation de non-maîtrise s'est incrustée.

Nous nous imaginons être la victime (sans pouvoir nous en détacher) d'un kidnappeur des choix de notre vie, qui nous laisse un sentiment de décalage avec notre personnalité, notre métier, nos envies, nos passions et nos rêves.

Combien d'entre nous ont fonctionné ou fonctionnent encore de cette façon ? C'est ce que j'appelle « la cascade des décisions d'opportunité ». Elle s'apparente à une succession d'évènements qui s'enfilent par défaut, comme les perles d'un collier sans concordance.

L'environnement, la famille, la raison, la morale, la religion occupent le quartier général de la pensée, et c'est souvent pratique de se cacher derrière ces dogmes. En cas de mauvais choix, j'aurai un coupable idéal. « Bien sûr que ce n'est pas de ma faute, ce sont les autres qui m'ont poussé à prendre cette décision ! »

Aussi, quand l'envie de retrouver la joie de vivre et le bonheur se manifestent, je pose la question suivante à mes patients : « je vous prête une baguette magique, elle a tous les pouvoirs, que faites-vous ? »

L'écrasante majorité des personnes me répond des choses très banales, liées à leur enfance et à ce qu'elles ont abandonné ! Et toutes admettent avec plus ou moins de facilité que l'emploi d'une baguette magique n'est pas nécessaire pour changer cela.

La nouvelle carte du commencement

J'espère de tout cœur que ce premier chapitre vous aura autorisé à trouver quelques clés. J'aimerais surtout qu'il vous donne envie de (re)prendre la route et vous permette d'avancer sur votre chemin, de chercher un sens, de chercher l'essence.

Je désire que l'exploration de ce point de départ vous redonne le goût de voyager avec une carte à jour, une carte compréhensible. Vous ne changerez rien au parcours déjà réalisé, mais pourrez cesser d'avoir l'impression de tourner en rond. C'est ce que je vous souhaite.

Quel que soit notre âge, vivre c'est se libérer de son commencement. Vivre c'est partir à la rencontre des infinies richesses que notre environnement veut nous offrir. Vivre c'est prendre conscience du pouvoir sans limites que nous détenons sur nous-mêmes.

Réussir à accepter

Il pourra se passer plusieurs semaines ou plusieurs mois ou années avant d'accepter ce que nous aura montré notre commencement.

La durée adéquate correspondra au respect du rythme d'avancement de chacun. C'est un processus de digestion indispensable pour accéder aux étapes supérieures.

Pour conclure et illustrer ce cheminement, je voudrais terminer en évoquant mon propre exemple.

La part féminine de mon environnement est teintée de colère, de peur et d'angoisses maternelles. Ce furent mes ingrédients de départ.

Avant d'entreprendre ma thérapie, je pensais n'avoir jamais eu peur dans la vie et en fait je me trompais totalement ! La digestion de mon commencement m'a permis de me défaire des scénarios sombres, pessimistes, dramatiques que mon cerveau m'envoyait mille fois par jour pour commenter tous les évènements de mon existence. Je me suis également défait (ou presque) des expressions négatives de mon langage oral et écrit. Puis j'ai cessé d'être en colère contre ma mère parce que j'ai compris qu'elle n'avait pas eu la force ni l'opportunité de rencontrer les bonnes personnes pour se faire aider.

Avoir été adolescente pendant la Seconde Guerre mondiale, à recevoir des bombes et crever de faim après avoir vu sa maison brûler donne toute légitimité à vivre avec des peurs et des angoisses.

Je pensais en avoir fini.

Pourtant je me suis rendu compte que la peur dont je me croyais immunisé habitait chaque cellule de mon corps, et que je ne pouvais aimer durablement une femme sans être tétanisé.

Mon attitude, avant d'en prendre conscience, a toujours été la même : une fois la relation démarrée, je redevenais l'enfant discret, effacé, attentiste, qui ne voulait pas provoquer la colère de sa mère et qui se nourrissait de cette présence jusqu'à ce qu'elle cesse !

Avec la carte de mon commencement, je m'autorise depuis à explorer les régions de mes peurs jusqu'ici soigneusement évitées.

Maintenant, c'est à vous !
À vous de commencer votre commencement !

2 L'environnement, le comprendre et s'en détacher

« Rien n'influence plus un individu que son environnement psychologique et particulièrement, dans le cas des enfants, la vie que leurs parents auraient souhaitée avoir. »

Carl Gustav Jung

Petite introduction...

Après le commencement*, il me semble indispensable de définir et de développer ce qui constitue l'environnement dont nous avons entrevu l'existence à cinq ou six reprises, dans le premier chapitre.

L'origine du mot environnement provient de l'ancien français « *en* » : « dans » et « *viron* » : « cercle ». Cette étymologie me convient parfaitement pour expliquer ce que j'entends par environnement.

Au sens premier du terme, l'environnement est donc ce qui est dans le cercle, ce qui englobe la périphérie, le contour de ce qui fonde notre univers, le monde à notre portée. C'est-à-dire la réalité que nous sommes capables d'attraper, de toucher de la main.

L'environnement peut représenter également ce qui n'a pas d'autre matérialité que le fruit des pensées du cerveau.

Avec cette définition, que trouvons-nous dans notre environnement ?

Si nous prenons quelques minutes pour nous interroger sur cette question, plusieurs dizaines de réponses peuvent surgir, voire plusieurs centaines... ce qui semble logique, puisque le cercle englobe notre monde.

À ce stade, je donne l'impression de remplacer le mot « monde » par le mot « environnement ». Ce n'est pas inexact.

Je voudrais analyser avec vous, si tout ce qui constitue cet inventaire « à la Prévert[1] » s'apparente réellement à notre environnement.

Il nous appartient, comme nous venons de le faire pour la naissance, de mettre la lumière sur ce qui nous entoure, de regarder sans complaisance, en toute objectivité, d'ouvrir les placards et peut-être, de les ranger différemment.

---

[1] *Énumérer ou lister des sujets a priori hétéroclites. Le poème de Jacques Prévert, "Inventaire", est à l'origine de cette expression. On y retrouve des éléments sans lien apparent, de telle sorte que cela confère à l'ensemble une dimension confuse.*

Naissance d'un symbole

« Au point tranquille qui est au milieu du cercle, on peut voir l'infini en toutes choses » Tchouang-Tseu[1]

Cette citation me suit depuis mon adolescence. Je l'ai notée partout, dans mes cahiers, sur mes pochettes de cours, sur ma trousse, dans mon journal intime. À l'époque, je ne me suis pas intéressé à en savoir davantage sur ce personnage qui en revendiquait la paternité, mais j'ai trouvé que cette phrase avait une signification particulière pour moi.

Depuis, cette formule m'a toujours suivi. C'est comme si elle m'avait été confiée sans que je sache pourquoi, avec cette consigne claire : « garde-la avec toi et au moment voulu tu comprendras… »

J'ai oublié à quel moment j'ai commencé à penser qu'il fallait représenter « son environnement » par un cercle. Mais je me suis dit que le dessiner seul ne suffisait pas. Pour montrer que cet environnement était le mien, j'ai installé le moi, au point tranquille au milieu du cercle…

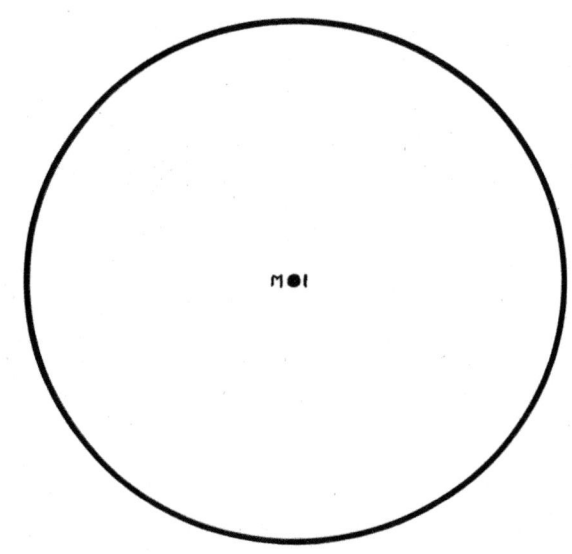

_____

[1] *Tchouang-Tseu est un penseur chinois du IVème siècle avant JC. Il est l'un des pères fondateurs du tao.*

Et j'ai essayé de voir l'infini en toutes choses.

J'ai surtout réalisé un premier lien entre cette citation et mon questionnement.

Ma curiosité m'a fait découvrir l'œuvre de Tchouang-Tseu et j'y ai cherché avec minutie la phrase de mon adolescence. Je n'ai pas retrouvé ma citation mot pour mot.

Par contre, j'ai trouvé dans le chapitre 2 au titre élégamment choisi : « harmonie universelle[1] », un troisième paragraphe beaucoup plus rude d'approche, mais qui ne semblait pas dire autre chose que cette belle synthèse que je suis obligé, à partir de maintenant, d'attribuer à un illustre inconnu ou peut-être à Léon Wieger.

Trouver des réponses concrètes

Dans mon exploration de l'environnement et la façon la plus simple de l'expliciter avec les patients, je me suis senti conforté dans l'idée de dessiner un cercle dans lequel j'écrivais « MOI ».

Et puis quelques mois plus tard, je suis tombé sur « mon » symbole associé aux travaux de Carl Gustav Jung. Il y était question du moi, du surmoi, du soi et de définitions qui m'ont toujours fait fuir. Ma petite voix m'a dit : « essaie de relire une fois… »

« *Le Soi est non seulement le centre, mais aussi la circonférence complète qui embrasse à la fois conscient et inconscient ; il est le centre de cette totalité comme le moi est le centre de la conscience[2]* ».

Pendant quelques minutes, j'ai pensé que nous disions la même chose, que je disais avec mes mots la même chose que Jung !

Que faire avec ces définitions dans ma pratique ?

---

[1] *« Les pères du système taoïste » par Léon Wieger S.J (1856-1933) Les Humanités d'Extrême-Orient, Cathasia, série culturelle des Hautes Études de Tien-Tsin, LES BELLES LETTRES, Paris, 1950, pages 217-219*

[2] *Carl Gustav Jung « Ma vie » - Souvenirs, rêves et pensées. Folio 1991 page 636*

Ce qui m'intéresse, c'est le concret des séances et le questionnement des personnes qui veulent aspirer au Mieux-être : que faire avec cette représentation dans un monde où je ne vis pas seul, où les cercles et les centres occupent un espace en commun ?

Est-ce que je peux me laisser influencer par d'autres cercles ?

Est-ce que les cercles vivent côte à côte, sans interagir entre eux ?

Est-ce que je reste maître de ce qui entre et sort de mon cercle ?

Est-ce que plusieurs cercles peuvent fusionner entre eux ?

Ces questions ne sont-elles pas celles du lien social, indispensable au bien-être des membres de notre espèce, et responsable de sa difficulté à vivre en harmonie ?

Que dire sur tout ce qui figure en dehors de mon cercle, du moi et de mon environnement ?

Est-ce que d'une manière ou d'une autre cela peut agir sur mon cercle et donc sur moi ?

Pour que nous puissions entrevoir quelques réponses à toutes ces questions, plongeons-nous dans deux exemples concrets.

Le permis de se soustraire à l'environnement

Une patiente vient me voir parce qu'elle doit passer son permis de conduire dans les jours à venir. Elle a trente-deux ans et cette obtention conditionne son avenir professionnel.

Sa demande est relativement claire : elle veut s'apaiser avant l'examen et trouver l'énergie pour réussir à se maîtriser.

Pourtant, je fais une lecture différente de la situation après quelques minutes d'anamnèse*.

Assez vite, elle me dit que dans sa famille aucune femme ne possède le permis de conduire !

Nous découvrons que son arrière-grand-père maternel, livreur, est décédé dans un tragique accident, laissant une veuve et deux orphelines. L'une est la grand-mère de ma patiente. Elle n'a jamais passé le permis de conduire et a trouvé un mari pour qui il en allait de même.

À la génération suivante, la maman de ma patiente est elle aussi restée sans conduire et a trouvé un mari d'une prudence maladive en voiture.

Aujourd'hui, le compagnon avec qui ma patiente vit ne l'a pas encore obtenu, mais « projette » de le passer bientôt…

La reproduction de l'élément clé qui met la famille en sécurité vient d'atteindre la quatrième génération.

Pourtant ma patiente a organisé sa vie autour de l'obtention de ce permis de conduire, qui représente pour elle le droit d'exercer le métier qu'elle s'est choisi.

Cette décision la tiraille, la fait douter, culpabiliser. Physiquement, elle se sent déviée, comme attirée et repoussée par son envie. D'ailleurs, son corps n'est pas rectiligne, sa tête n'est pas alignée le long de la colonne, elle penche à gauche très nettement (le côté gauche symbolisant le féminin, la mère…).

Elle s'est préparée à l'examen sans rien dire à ses proches et comme la date approche le doute s'installe…

Mais la question avec laquelle elle arrive à cette séance signifie : est-ce que j'ai le droit de vivre comme je l'entends ? Va-t-on continuer à m'aimer si je brise ce mode de fonctionnement institué à la mort de mon arrière-grand-père ? Ferais-je toujours légitimement partie de cette famille ?

La séance révélera toutes les symboliques attachées à ce permis de conduire une voiture, mais aussi de conduire sa vie, ses choix, ses envies.

Pour la petite histoire, elle a réussi son examen.

Le pacte

Après avoir vu comment l'histoire familiale peut interférer dans l'environnement, voici l'exemple d'une patiente et de sa fille responsables des humeurs qu'elles tiennent enfermées entre les murs de leurs cercles, sans même s'en rendre compte.

La mère a très mal vécu le fait que son mari la quitte (même si celle-ci n'a jamais été heureuse avec lui comme elle me le répétera plusieurs fois en séance).

Le message martelé depuis ce jour se répercute en écho : « on ne peut pas faire confiance aux hommes ! Heureusement que tu es là, toi, ma petite chérie (qui aujourd'hui est une femme de trente ans !). Je dois pouvoir compter sur toi, comme tu pourras toujours compter sur moi ! »

La fille va très mal lorsque la maman me l'emmène et décide d'assister à la séance : « on n'a pas de secrets l'une pour l'autre ! » La jeune femme vient de vivre sa troisième rupture amoureuse alors qu'elle « avait tout pour être heureuse, mais qu'elle a une nouvelle fois tout gâché avec son caractère et ses attitudes ».

Quand elle me raconte par le menu ces relations, les garçons qu'elle rencontre sont d'une gentillesse, d'une prévenance, d'une douceur et d'une patience à toute épreuve et particulièrement le dernier.

« Et pourtant, s'attriste-t-elle, je n'arrive pas à le voir comme ça ! »

A-t-elle seulement une chance de voir les choses autrement ?

Enfermée dans ce qu'elle estime être une réalité et par peur de briser le lien, le pacte, pris avec sa mère, elle s'interdit d'ouvrir les yeux et de regarder en conscience ce qu'elle vit au quotidien, ce que l'univers lui propose.

Pour l'heure, elle reste convaincue, puisqu'elle vient de le vivre trois fois de suite, que tous les hommes finissent par partir et qu'elle n'a pas le droit d'abandonner sa mère…

L'analyse de ces deux exemples

Le premier exemple se classe typiquement dans le groupe des liens transgénérationnels transmis exclusivement de manière inconsciente.

C'est le secret de famille, l'histoire dont on ne parle presque pas ou seulement à voix basse ; difficile à déceler dans nos comportements, d'autant plus que nous n'avons pas (plus) dans notre culture le besoin et l'envie de nous rapprocher de nos ancêtres et de notre itinéraire commun. Comme avec le commencement, nous amputons fortement nos chances de compréhension en agissant ainsi.

Si nous devions représenter l'environnement de cette première patiente et le comparer à la symbolique des trois générations avant elle, nous dessinerions un seul cercle et un seul centre…

En réalité, il y en a bien quatre, mais ils se confondent parfaitement.

Nous devinons sans peine que vivre en superposition d'une histoire familiale ne peut pas permettre une totale liberté de ses choix. De plus, cela efface la possibilité de distinction du moi par rapport aux autres et ne facilite pas de se sentir à la bonne place !

Le second exemple se déroule sur une seule génération. Il n'y a pas de notion de secret parce que les choses sont dites sans détour. Mes patientes parlent de « pacte » et c'est le mot le plus juste.

Le pacte conduit à un enfermement du type : « je décide que mon environnement (moi et mon cercle) est à l'intérieur de ton environnement (toi et ton cercle) de telle sorte que l'un et l'autre se confondent et sont comme une copie parfaite. »

Il est pourtant très compliqué de vivre pour les autres, dans la vie de l'autre.

Comment voulons-nous trouver l'harmonie avec nos envies et nos choix, si nous les amalgamons avec ceux de personnes dont nous ne maîtrisons rien ?

Nous pourrions penser que ces deux exemples se ressemblent, dans le résultat au moins puisque les cercles et les centres se mélangent. Il n'en est rien ! Il existe une nuance entre les deux.

Dans le premier, les cercles se superposent avant que les patients n'en prennent conscience, tandis que dans le second, les protagonistes provoquent et acceptent dans des proportions égales ou très variables, la fusion des cercles.

Le grand ménage

Les environnements peuvent donc fusionner entre eux, mais également se dominer ou se soumettre les uns les autres. La coexistence symbolique des cercles entre eux ne résiste pas longtemps aux pressions extérieures, et les dogmes qui organisent notre façon de vivre et de penser finissent par dicter les comportements que chacun attend de l'autre.

Sortir de ce carcan peut prendre des années. Comment concevoir dans ces conditions que mon environnement diffère de celui de mon voisin ? Comment comprendre que chaque cercle, chaque centre (moi) est unique ?

Un individu qui remplace son cercle par des murs s'enferme dans une forteresse et parfois aussi dans une pathologie lourde.

Alors où se situent l'harmonie, le bien-être, le Mieux-être ? Comment se réalise l'échange entre deux cercles ? Est-ce que je prends ? Est-ce que je donne ? Est-ce que je me nourris ?

J'ai la sensation que pour répondre en conscience à ces questions simples, le regard doit se fixer à l'intérieur du cercle et distinguer les éléments qui nous apparaissent inappropriés.

Tout ce qui concerne les anciens pactes, tous les espaces laissés vides, en attente de livraison hypothétique des autres cercles, tous les intrus, les fantômes, les mangeurs d'énergie qui trouvent que « la maison est bonne », tout cela doit au moins être identifié, puis retiré du cercle.

Et comme la réciprocité est vraie, il nous faudra également prendre soin de nous extraire des cercles que nous avons patiemment investis…

Alors, choisir la nourriture qui correspond à notre centre et la diffuser sans peur deviendra plus facile.

Mais l'aventure ne s'arrêtera pas là pour autant…

Combien de costumes ?

Même si la feuille de route ne laisse pas de doute sur la nécessité de faire le ménage dans le cercle, comment savoir avec précision ce qui m'appartient dans cet enchevêtrement de sentiments et de sensations ?

D'autant que le décalage entre ce que nous pensons de nous-mêmes et ce que nous mettons en œuvre pour être, induit une différence parfois importante.

Reprenons l'exemple de cette femme qui se figure que « les hommes sont des lâches qui finissent par s'enfuir », et qui se pense dans un comportement normal, sans nécessiter de changer. Comment fera-t-elle pour effacer le pacte de son cercle ?

L'environnement semble distribuer tous les pouvoirs ; or c'est l'inverse !

Peu importe nos raisons, excuses ou besoins, ne pas prendre l'initiative ne veut pas dire qu'on nous empêche de le faire, mais seulement que nous ne le faisons pas !

Plus nous cherchons profondément notre fonctionnement, plus nous nous rendons compte de la différence qu'il y a entre le réel de ce que nous sommes et ce que nous serons capable de nous faire croire. Ou également capable de ne pas voir et de ne pas entendre. Cette absence d'action signifie seulement que la peur nous paralyse encore, mais en aucun cas que nous ne sommes pas en capacité d'agir.

Nous trouverons dans les autres toutes les justifications à nos dysfonctionnements, toutes les apparences qui conforteront l'inertie.

Alors est-ce que ce monde est un immense magasin de costumes ? Est-ce que nous passons notre temps à vouloir ressembler à ce super héros, ce gentil, ce méchant, cet autre pour éviter d'avoir à jouer notre propre rôle ?

Quelles peurs alimentent à ce point notre incapacité à nous trouver nous-mêmes ?

William Shakespeare avait vu juste en affirmant : « *Le monde entier est un théâtre, et tous, hommes et femmes, n'en sont que les acteurs. Et notre vie durant, nous jouons plusieurs rôles*[1] ».

La peur de changer

Pourquoi avoir peur de détecter, d'inventorier ce qui compose l'environnement ? Pourquoi avoir peur de retirer ce qui encombre le cercle ?

Cela me fait penser à ce cauchemar que les comédiens font à quelques jours d'une première : se retrouver nu sur scène, devant une salle pleine sans se souvenir de leur texte…

Si je me fie à Shakespeare, nous rêvons tous de ce moment puisque nous sommes tous interprètes.

Pourquoi avoir peur d'ôter toutes les couches qui ne nous appartiennent pas et de trouver la force de se regarder sans concession ?

« Bonjour, bienvenu à toi, qui vis en moi. Et si nous apprenions à nous connaître ? Et si nous faisions la route ensemble ? »

La peur de se découvrir soi-même est universelle.

---

[1] *Dans la pièce « Comme il vous plaira »*

L'exploration du cercle pourra dévoiler des fonctionnements toxiques, certes, mais qui ont fait leurs preuves, capables de mettre en sécurité, de maintenir en équilibre, la totalité de mes pactes, mes peurs, mes apprentissages, mes soumissions et mes dominations.

Commencer une nouvelle partition et se retrouver à nu, sans expérience, sans imaginer à l'avance ses réactions perturbe, déroute, terrifie et parfois traumatise.

Le corps n'aime pas les traumatismes. Il se souvient de chacun d'eux. Notre physiologie est construite sur ces mémoires trau-matiques qui reviennent encore et encore nous alerter alors que rien dans notre réalité de l'instant ne le justifie. C'est sans doute pour toutes ces raisons que l'envie d'aller mieux mûrit quelque-fois de longues années avant de se réaliser. Le déclic arrive aussi parce que la douleur s'élève hors des limites. Mais pour-quoi attendre d'aller mal pour aller mieux ?

Où se positionner ?

J'aimerais revenir sur notre capacité de regard, sur sa partialité évidente. Quand le moi observe son cercle depuis le centre, il semble (a priori) être au meilleur endroit pour le faire. Ce qui explique que nous nous opposons souvent à toutes les per-sonnes qui regardent notre cercle et notre moi depuis une posi-tion que nous ne maîtrisons pas en répliquant : « tu ne peux pas me comprendre, tu n'es pas à ma place ! »

Deux visions s'affrontent, ou en tous les cas se font face : le regard qui va du « moi » vers l'extérieur du cercle et les regards qui viennent de l'extérieur et qui vont en direction du « moi ». Jean-Paul Sartre écrivait que « l'enfer c'est les autres ! » Est-ce la réalité ?

L'endroit où nous nous plaçons pour nous regarder est-il impor-tant ? Plus important que ce que nous voyons de nous ? Non bien sûr ! Le contenu du message provoque davantage de ma-laise que la zone pour le percevoir.

En clair, il faut se concentrer sur ce qui se passe dans notre regard, dans notre perception et notre capacité à recevoir l'image.

Ce que voit l'œil emprunte tous les filtres qui se sont accumulés dans notre cercle. « Au point tranquille, qui est au milieu du cercle, je peux observer ce que mon environnement laissera traverser vers moi !» serait sûrement plus correct à écrire.

Voilà pourquoi mettre la lumière sur notre environnement nous montrera de quelle manière notre histoire familiale, notre commencement, nos apprentissages orientent notre vision des choses.

Il ne sert à rien de vouloir changer de point de vue si nous ne cherchons pas à comprendre par où passe l'image à l'intérieur de notre cercle.

Le grain de sable

Un ancien président français revendique cette expression : « les emmerdes, ça vole toujours en escadrille !» Il dit sûrement vrai. Chacun a certainement déjà vérifié qu'un malheur n'arrive jamais seul. C'est la loi de Murphy. Mais sommes-nous responsables de cette couleur particulière donnée à notre environnement ?

Nous regarderons en détail le fonctionnement de la loi de l'abondance (dont dépend celle de Murphy) dans le chapitre sept, mais je voudrais ici vous interpeller sur la façon dont nous mettons notre cercle à la disposition des circonstances.

Je m'explique :

Dans une situation donnée, nous avons, l'espace d'une seconde, la sensation de faire fausse route, la quasi-certitude qu'il ne fallait pas… Et pourtant, parce que la pression que nous nous infligeons est plus forte que nos intuitions, nous franchissons la ligne. Et les ennuis commencent…

Ce premier grain de sable pourrait très vite s'effacer, mais le plus souvent il déclenche un engrenage qui pourra mettre des semaines, voire des mois à se stopper.

Par exemple, si nous laissons entrer dans notre cercle ce que notre ventre refuse, la bataille avec le mental peut faire rage. C'est le corps bien évidemment qui jouera les juges de paix en sifflant la fin des hostilités avec un symptôme tellement paralysant que nous n'aurons pas d'autre choix que d'écouter.

Dans ces circonstances la phrase : « vous êtes à 100 % responsable de ce que vous êtes » trouve naturellement un écho particulier.

Je sais les réponses que vous êtes en train d'imaginer, je les entends chaque jour au cabinet : « mais je n'avais pas le choix, comment pourrais-je me sortir de ces schémas ? » « J'ai besoin de manger et d'élever mes enfants donc je ne peux tout de même pas abandonner mon travail. » « J'ai besoin d'attention, d'amour et je ne supporte pas l'abandon donc je ne peux pas quitter mon mari. »

Les certitudes bloquantes

J'ai en mémoire la visite d'une patiente âgée, avec un parcours professionnel orienté vers le soin et le bien-être, assortie d'une quête intacte de comprendre son propre fonctionnement. Elle a essayé de multiples outils tout au long de sa vie et de sa carrière qui lui ont permis d'avancer.

Elle arrive chez moi avec cette envie de trouver pourquoi le côté gauche de son corps lui joue des tours. En connaissance de cause, elle sait évidemment toutes les relations à la mère, au féminin liées à ce côté du corps.

Mais elle voudrait comprendre. Cela fait des années qu'elle aimerait déchiffrer ses symptômes et à plus de quatre-vingts ans, elle se dit que c'est vraiment le moment.

Par habitude, formatage, apprentissages successifs, elle ne s'autorise pas à dire que ce qu'elle désire par-dessus tout, c'est de partager son quotidien avec un compagnon, que son veuvage et la solitude de son mariage n'ont que trop duré et qu'elle veut se nourrir intellectuellement et affectivement.

Elle s'aperçoit que certaines certitudes la cantonnent dans l'impasse du mal-être reliée à son histoire passée et l'empêchent de voir ce qui est l'essence même de ses besoins.

Les blocages ne peuvent pas se résoudre puisqu'ils ne sont pas les bons. L'eau fuit toujours du robinet si nous n'actionnons pas le bon robinet !

Prendre conscience qu'il faut tourner un robinet pour arrêter la fuite est une chose, mais accepter de manipuler le bon en est une autre.

En tous les cas, j'ai la sensation qu'elle ressort de chez moi comme une jeune fille qui s'apprête à aller au bal !

« Au point tranquille… »

Ce qui me semble le plus important, au terme de ce chapitre, c'est d'avoir pris conscience que nous sommes responsable du cercle qui entoure le Moi de notre environnement (pour celles et ceux, pour qui cette phrase est encore difficile à lire vous pouvez remplacer « responsable » par « coresponsable. »).

Je n'affirme pas que c'est aussi facile de changer de comportement que de l'écrire, mais cesser de croire à notre incapacité à transformer l'instant est déjà un excellent début.

Reprendre le contrôle, le pouvoir de notre vie est un passage obligé pour aller mieux. Je ne connais pas d'autre chemin.

Nous sommes créateurs de nos vies, et « co-créateurs » du monde dans lequel nous établissons notre environnement.

Le temps de la démission est révolu ! Construire son soi est la priorité absolue qu'aucune arme ne peut arrêter, aucune prison contenir, ni aucune loi interdire.

Au même titre que connaître son commencement est l'axe premier, se détacher de son environnement est le second axe de la thérapie du mieux-être.

Ainsi ma citation deviendra :

« Je pourrai atteindre le point tranquille, le moi en harmonie, quand je serai capable de regarder avec détachement ce et ceux qui se trouve dans mon environnement. »

3 Les apprentissages

« L'enfant n'est pas un vase qu'on remplit mais un feu qu'on allume. »

Rabelais

« Un enfant n'a jamais les parents dont il rêve. Seuls les enfants sans parents ont des parents de rêve. »

Boris Cyrulnik

Je boucle, tu boucles, nous bouclons

Pour comprendre nos comportements d'aujourd'hui, poursuivons notre voyage intérieur. L'étape suivante va nous mener dans les secrets de nos apprentissages.

Une des constantes pour chacun d'entre nous se caractérise par la répétition continuelle de conduites identiques. Je parle volontiers de « boucles* », comme si apprendre de nos erreurs nous paralysait ou comme si nous n'étions pas toujours seuls à prendre les décisions de notre quotidien.

Ce fonctionnement par boucles reste dans un premier temps inconscient et ne pose donc pas de problème. C'est la répétition de ces boucles qui finira par déclencher un questionnement, puis l'envie possible d'entreprendre un travail sur soi.

Les boucles sont directement liées à la façon dont nous avons appris et à l'environnement dans lequel nous avons grandi.

D'ailleurs, la restitution de nos apprentissages demeure utile ; elle permet par exemple d'enfourcher un vélo même après vingt ans sans pratique. Et il y a peu de chances que nous remplacions le pédalage par les gestes de la brasse ou du cent mètres ! Nous allons sans conteste tourner les jambes pour faire du vélo, parce que c'est comme cela que nous avons appris !

Je vous accorde qu'il est plus simple de modifier une expérience concrète telle que pédaler ou jouer du piano, que de transformer une peur, une angoisse dont l'existence revient en boucle dans notre vie ! Nous savons également qu'il est bien plus facile d'apprendre en étant jeune que lorsque l'on vieillit.

Parce que nous terminons pour la énième fois notre relation amoureuse de la même manière.

Parce que nous commençons toujours par imaginer le pire pour chaque situation qui se présente à nous.

Parce que nous redoutons le moment où nos amis finiront par nous abandonner.

Parce que nous avons besoin de désirer ce que nous n'avons pas encore…

Comprendre l'apprentissage devrait éclairer grandement ces boucles qui nous font trébucher.

Comment avons-nous appris ?

Chaque matin lorsque nous ouvrons une paupière, que nous passons du repos à l'activité, nous mettons « un tour de clé » sans prendre la moindre seconde pour analyser le fonctionnement de ce corps que nous habitons et de son ordinateur qui nous aide à le piloter.

Il faut souvent une « grosse panne » pour que nous nous disions : « mais qu'est-ce qui m'arrive, pourquoi mon corps lâche-t-il ? »

Avoir cette capacité de regard sur soi, de compréhension des mécanismes de fonctionnement laisse supposer le maniement aisé des connaissances. Et pour différentes raisons, nous nous persuadons que ces connaissances sont toujours affaires de spécialistes et difficiles d'accès et d'intelligibilité. Les remèdes de grands-mères se perdent et sont moqués par la mainmise des « sachants » sur les sciences du corps humain, la médecine, la psychologie et toutes leurs disciplines dérivées.

Molière s'amusait déjà en son temps du vocabulaire d'exclusion, de la transmission du savoir dans un entre-soi jalousement cloisonné et du regard définitivement supérieur porté sur ceux qui posent des questions forcément idiotes !

Aujourd'hui, la nécessaire validation scientifique a façonné cette passivité dont nous sommes atteints quand nous devons nous sentir capables « d'ouvrir le capot », de regarder à l'intérieur pour comprendre. Même les chercheurs entre eux excommunient sans sourciller l'importun confrère qui voudrait remettre en cause ce qui est écrit dans l'Histoire scientifique !

Comme pour sceller cet élitisme intellectuel, le mot dont nous disposons pour tenter de rendre accessible cette matière scientifique, claque de manière austère ! « Vulgariser » n'est pas un mot qui donne envie ! Mais arrêtons de croire que seuls les autres y ont accès !

Je dis que c'est une étape indispensable à la construction de soi.

Reformuler avec vos mots pour assimiler.

Plus que des réponses, j'aimerais vous donner quelques outils, des références, des exemples qui procurent le goût de partir en exploration…

L'acquis

Les phases d'apprentissage d'un enfant atteignent leur paroxysme dès les premières années de la vie. La construction du mode de fonctionnement s'effectue à cette période. Nous avons toutes les raisons de croire que l'enfant se nourrit de tout ce qu'il voit, entend et reçoit comme information.

Nous venons de noter l'importance de l'environnement et les influences fortes que cela peut engendrer.

Toutes ces acquisitions post-natales et jusqu'à l'âge de trois ans ne sont pas synonymes de « mauvaises influences ». C'est d'ailleurs une réelle fierté pour un parent de reconnaître dans les gestes de son enfant, ses propres attitudes : des mimiques, une grimace, un front plissé, ou un large sourire.

Cependant dans les faits, l'incohérence des postures se perçoit et s'assume avec difficulté. En effet, que peut faire le jeune enfant qui reçoit du papa le message « un homme c'est fort et ça ne se laisse pas marcher dessus », mais qui se fait gronder et punir par le même parce qu'il s'est encore battu à la crèche ?

Comment imaginer une seconde que l'enfant soit en mesure de sélectionner une partie seulement des informations qu'il recueille ? Les comportements d'imitation donnent aux parents la « certitude » d'une bonne intégration des enseignements. Mais que retient l'enfant dans les bras d'une mère en colère ? Que comprend-il quand le père dit qu'il est un accident ?

Pour obtenir des éléments de réponse à ces questions, et confronter l'acquis des premières années, à l'inné de l'héréditaire, nous allons explorer le poste de contrôle des émotions, des souvenirs et des apprentissages : le général-cerveau.

Nos trois cerveaux

Le chef d'orchestre de l'apprentissage est naturellement le cerveau et celui-ci s'avère certainement le plus difficile d'accès et de compréhension de tous les organes de notre corps.

Les scientifiques s'accordent aujourd'hui pour dire que notre cerveau se divise en trois parties correspondant à trois époques de l'évolution.

1. Le cerveau reptilien parfois appelé archaïque englobe le tronc cérébral* et le cervelet*. Nous avons ce cerveau en commun avec les premiers amphibiens et reptiliens de la Terre.
Ce cerveau primitif gère nos fonctions vitales : respirer, digérer, dormir, distribuer ce dont le corps a besoin. Ce cerveau administre également le circuit court de la peur en déclenchant d'une manière ultrarapide des comportements de survie (peur, lutte, fuite).

2. Le cerveau limbique ou émotionnel est principalement constitué de l'amygdale*, de l'hippocampe*, et de l'hypothalamus*. C'est le cerveau des émotions, celui du « j'aime/je n'aime pas ». L'agréable sera recherché. Ce qui ne l'est pas sera enregistré comme à fuir. Il permet l'affectivité et de ce fait modère légèrement les tempéraments de survie.
Il est surtout lié aux fonctions d'apprentissage et de mémorisation.

3. Enfin, le néocortex est le plus volumineux ; il représente les quatre cinquièmes du cerveau et il entoure physiquement les deux premiers. C'est souvent le cerveau que nous voyons quand il est dessiné ou photographié. Il est divisé en deux lobes principaux. C'est là que sont rangés les fonctions du langage, les perceptions sensorielles, tous les apprentissages cognitifs, la réflexion, le raisonnement, l'imagination, la créativité, bref ce qui fait de nous « des êtres doués de raison ».

Ce que nous savions faire avant de naître !

Notre cœur s'est mis à battre à la troisième semaine de gestation de notre mère et quelques jours plus tard, le système nerveux (tronc cérébral et cerveau) est apparu à son tour.
Entre le deuxième et le quatrième mois nous avons fabriqué 250 000 neurones à la minute !
Et à six mois in utero, notre cerveau a ressemblé en miniature à notre cerveau actuel. Il est capable d'enregistrer par l'intermé-

diaire de l'amygdale toutes les émotions violentes et compliquées vécues par notre mère (bruits, peurs, violences, colères, angoisses...). Ce marquage peut rester présent de nombreuses années.

À deux mois, tous les systèmes (sanguin, immunitaire, respiratoire, digestif, urinaire, génital) sont présents sous forme rudimentaire.

À trois mois, l'épiderme et le derme de la peau sont apparus, le foie sécrète la bile, la moelle osseuse élabore des cellules sanguines et le sexe du fœtus est identifiable.

À quatre mois, les lèvres font des mouvements de succion, le visage est humain et pour la première fois le corps grossit plus vite que la tête.

Les cinq sens sont formés dès cinq mois. Dès lors, nous entendons, nous touchons, nous avons la notion de goût. Nous verrons au sixième mois (il ne fait pas noir in utero). Seul notre odorat est moins sollicité dans un premier temps.

Il est légitime de ne pas se souvenir de la période in utero puisque nous ne sommes pas équipés physiologiquement pour le faire. Mais ne pas prendre cette période en considération lorsque nous entreprenons un travail sur nous compromet nos recherches.

Aujourd'hui, des études montrent que les traumatismes de l'enfance influent sur la structure de l'ADN, augmentent les risques de suicides, de dépressions, de cancers[1]...

Parce que les acquisitions et les apprentissages commencent bien avant la naissance, l'opposition binaire entre acquis et inné doit se regarder autrement.

« Les trois tiers de la personnalité »

J'ai évoqué dans le premier chapitre sur le commencement la complexité de déterminer avec précision le point de départ à notre vie. La difficulté va se dédoubler avec l'apprentissage. Quand avons-nous commencé à apprendre ? Le survol rapide

---

[1] *https://www.ted.com/talks/nadine_burke_harris_how_childhood_trauma_affects_health_across_a_lifetime*

des capacités de l'embryon puis du fœtus peut contester notre idée sur le sujet.

Au lieu de chercher une confrontation entre l'acquis et l'inné, à vouloir comparer, disséquer, argumenter en faveur de l'un au détriment de l'autre, les travaux de Serge Ginger[1], parlent eux, des « *trois tiers de notre personnalité* ». Je trouve ce point de vue très intéressant.

– D'abord, il parle d'un « *tiers de facteurs héréditaires, transmis via l'ADN et les 30 000 gènes du chromosome du noyau de chacune des 70 000 milliards de cellules qui constituent notre corps* ». Je crois que c'est ici que se situe le plus grand mystère de ce que nous sommes. Par quelle magie ou quels miracles l'information peut-elle se transmettre dans cet infiniment petit ?

– Ensuite, et c'est un fait nouveau, il évoque « *un tiers de facteurs congénitaux, acquis pendant la construction de notre cerveau, in utero, largement dépendants de l'état psychosomatique de la mère pendant la grossesse* ». Longtemps jugée sans fondement scientifique, cette thèse s'installe durablement et a fini par s'imposer, compte tenu des progrès de la neurologie. Cette soudaine responsabilité peut effrayer les futures mamans, je trouve au contraire que c'est un atout majeur pour réaliser une grossesse harmonieuse en conscience.

– Enfin, il exprime « *un tiers de facteurs acquis après la naissance, pendant la période critique d'attachement du bébé à la mère, mais aussi pendant les premières années d'éducation.* » Ce que j'appelle moi le commencement*.

Serge Ginger affirme que « nous serions donc pré-conditionnés aux deux tiers à la naissance, avec des prédispositions, inscrites dans notre cerveau biologique. En fait, nous ne sommes ni prisonniers de nos gènes, ni entièrement libres. Mais soyez rassurés, ajoute-t-il, le tiers de liberté s'avère largement suffisant ! »

---

[1] *Serge Ginger (1928-2011) était un psychologue et psychothérapeute, spécialisé en Gestalt-thérapie* et EMDR. Il a enseigné la Gestalt-thérapie (qu'il a introduite en France en 1971) dans une quinzaine de pays de tous les continents, et les neurosciences à la Sigmund Freud University (SFU) de Paris. Il est l'auteur ou le coauteur d'une vingtaine d'ouvrages, dont : « Manuel pratique du psychothérapeute humaniste » éditions Dunod 2011.*

Je me permettrai d'appuyer ses mots, surtout quand ce tiers de liberté autorise l'accès aux deux tiers pré-conditionnés et d'en comprendre les fonctionnements et les apprentissages.

Exemples de comportements

Sans porter de jugement ni être moralisateur, je voudrais évoquer ce que certains comportements à risque peuvent impliquer dans le développement de l'embryon puis du fœtus.

Fumer ou être enfumé, boire de l'alcool, consommer des drogues sont des conduites qui ne laissent aucun doute quant à leurs incidences négatives sur la structuration de l'enfant.

La prise de médicaments avec ou sans prescription peut également s'avérer dangereuse.

Le rôle de l'alimentation et l'exposition aux polluants sont plus difficiles à appréhender, de même que la pratique de certaines activités physiques.

Encore plus imperceptibles, « les effets du stress in utero peuvent avoir des conséquences très négatives sur le développement du cerveau de l'enfant, nous dit Catherine Gueguen[1].

Le cortisol, quand son taux atteint des niveaux très élevés, a des effets toxiques pour certaines structures cérébrales. »

De manière plus constructive, l'assimilation des langues étrangères serait largement déterminée par les sons et les intonations entendus durant la dernière partie de la grossesse.

Autre exemple, les goûts alimentaires d'un enfant ressemblent énormément à ceux qu'avait la mère lorsqu'elle était enceinte et peuvent parallèlement avoir été transmis par le spermatozoïde du père (des études sur l'épigénome* des spermatozoïdes accréditent cette hypothèse).

Nous savons également à présent qu'une femme qui porte un bébé et celui-ci rêvent des mêmes choses (ou du moins, les mêmes zones cérébrales sont activées simultanément chez l'un et chez l'autre).

Bien sûr, cette liste n'est pas exhaustive.

---

[1] *Catherine Gueguen est pédiatre, « Pour une enfance heureuse, repenser l'éducation à la lumière des dernières découvertes sur le cerveau » Pocket 2015 page 166*

J'ai notamment en mémoire deux exemples qui vont parfaitement illustrer cette période d'apprentissage in utero.

Seul au monde

Le premier exemple concerne un jeune homme d'une vingtaine d'années qui vient me consulter parce qu'il souffre d'angoisses très fortes qui l'empêchent de sortir de chez lui, de dormir normalement et de partager du lien social avec ses proches.

Ses angoisses intenses remontent à trois années en arrière où lors d'un pari entre amis, mon patient a respiré une importante dose d'une substance toxique censée procurer des effets hallucinogènes.

À défaut de paradis, il se retrouve hospitalisé d'urgence et ressent depuis ce jour la sensation quasi permanente de vivre dans une grotte sombre, baignée dans cette odeur nocive et entêtante, accompagné d'un sentiment de solitude immense…

L'augmentation régulière des antidépresseurs, des anxiolytiques et des somnifères pour connaître quelques moments de paix semble une fuite en avant perdue d'avance.

Après deux séances à travailler sur le traumatisme, j'ai l'intuition que l'évènement entre copains a dû déclencher un réveil traumatique plus profond. Je demande donc à mon patient de me parler de son commencement.

Nous parcourons son enfance et sa petite enfance en touchant du doigt les difficultés qu'il a, à se sentir accepté et aimé, voire à simplement exister. Je reste convaincu de pressentir « autre chose » et j'insiste.

Après un long échange, nous pouvons aborder la période in utero. Sa maman a vécu un déni de grossesse jusqu'au huitième mois. Dans les heures qui ont suivi l'annonce de sa grossesse, mon patient naissait avec quatre semaines d'avance !

Malgré tout l'amour qu'il a reçu durant les premiers mois, mon patient est profondément marqué par ses huit premiers mois de complète solitude où il n'a recueilli aucun message s'adressant directement à lui. Puis il a passé la première semaine de sa vie dans une couveuse en ayant la sensation (bien réelle) d'être seul au monde.

L'incident avec ses camarades a réveillé cette mémoire corporelle et l'a replongé dans ce souvenir traumatique insoutenable.

Cette prise de connaissance, puis de conscience, accompagnée d'un travail similaire avec une mère totalement culpabilisée, a permis à mon patient de se défaire doucement de toutes ses angoisses et de retrouver une vie sans aides chimiques. La maman a elle aussi réalisé un très grand pas en avant.

Ne m'oubliez pas !

Le second exemple est celui d'une femme de trente-cinq ans qui vient me voir parce qu'elle ne réussit pas à vivre d'histoire amoureuse harmonieuse et durable. Elle a en permanence besoin de se sentir au centre du couple.

D'une grande générosité, donnant sans compter, elle est attentionnée, prévenante, aimante… mais ne supporte pas que son conjoint s'éloigne d'elle.

Face à un « chérie, je rentre dans une heure, je bois un verre avec mon ami d'enfance et j'arrive », elle se sent dans tous ses états, convaincue que son compagnon est en train de l'abandonner !

Chaque moment de la vie où l'autre vaque simplement à ses propres occupations ou partage son temps avec d'autres personnes est vécu comme un supplice. La sensation d'abandon induit les comportements disproportionnés qui en découlent.

Le résultat se répète et la souffrance s'ajoute à la souffrance. Pourtant elle n'a vraiment rien d'une starlette ou d'une capricieuse qui voudrait à tout prix qu'on ne voie qu'elle… Le sentiment d'abandon ne se met en place qu'avec les gens qu'elle aime.

Dans l'exploration de sa période in utero, j'apprends que ma patiente n'était pas seule : elle était accompagnée d'une jumelle dizygote (faux jumeaux) avec laquelle elle est toujours proche aujourd'hui. Mais l'information primordiale est surtout que, jusqu'à quelques heures avant l'accouchement la maman de ma patiente s'attendait à **un** heureux évènement, pas à **deux** !

Que s'est-il passé dans ce ventre où les messages ne s'adressaient qu'à une alors qu'elles étaient deux ? Comment a-t-elle vécu de se retrouver seule dans ce ventre (elle est née la seconde), abandonnée par sa sœur et sa mère ?

Là aussi, le travail de ma patiente et un dialogue avec sa jumelle lui ont permis de modifier radicalement ses réactions et de commencer à construire une relation sur le long terme.

Le cerveau cherche la facilité !

Le cerveau délivre de nouveaux secrets de fonctionnement tous les jours. Pour les neurologues c'est là une véritable « terra incognita* ».
Pour mieux comprendre nos apprentissages, voici quelques règles à connaître.
Sans réaliser d'effort particulier (examen, partie d'échecs, lecture pour assimiler), le cerveau consomme environ 20 % de nos calories. En comparaison avec son volume et son poids, c'est un gouffre à énergie ! Mais il est également le champion toutes catégories d'économie. Le cerveau cherche toujours la facilité !
C'est sûrement pour cette raison qu'il procède par associations et comparaisons.
Le cerveau opère par association en permanence ; regrouper pour économiser, mais avec le danger cependant de mettre trop de choses différentes dans une case globale. Une personne qui fait l'effort de se questionner, de s'ouvrir, de comparer, de chercher à comprendre, de débattre, de réfuter, d'argumenter limite grandement le risque de raccourcis que son cerveau peut avoir tendance à fournir.
Pour chaque nouvelle information reçue, le premier travail du cerveau est de se souvenir s'il peut trouver dans ses connexions existantes quelque chose qui pourrait ressembler, même sommairement, à des archives déjà rangées et répertoriées.
Il est tellement plus simple d'ajouter un lien supplémentaire sur une connexion connue et très régulièrement empruntée que de déchiffrer un nouveau sentier avec des tas de ponts et de nouveaux liens à créer.
Voir écrit en vert le mot « rouge » est un casse-tête pour le cerveau et provoque l'inverse de ce que je viens de décrire. Impossible de mettre dans une seule case couleur et mot. Cette gymnastique cérébrale va à l'encontre des acquisitions faites pendant de nombreuses années... Prenez des crayons de couleur et amusez-vous à surprendre votre cerveau !

Pour ces raisons concrètes de physiologie, se défaire de nos habitudes de fonctionnement s'avère triplement difficile :
– faire abstraction des conditionnements de l'inné,
– se détacher de notre environnement,
– comprendre simplement notre cerveau !

Prédictions et probabilités

Dans la continuité de tout ceci, savez-vous que le cerveau passe son temps à exécuter des prédictions, toujours par souci d'économie d'énergie ? Et il commence très tôt cette activité…

Un enfant de huit mois peut réaliser une inférence probabiliste* ou inférence bayésienne*. C'est-à-dire qu'il va imaginer ce que « doit » contenir une boîte opaque de laquelle un adulte va lui sortir quatre ou cinq objets.

Supposons un carton duquel on retire quatre balles blanches et une rouge. Si on ouvre la boîte pour montrer son contenu à l'enfant et que celle-ci contient une majorité de balles blanches, l'enfant va très vite s'intéresser à autre chose. Si par contre, le carton comporte une majorité de balles rouges, l'enfant passera beaucoup plus de temps devant ce résultat étonnant, comme pour essayer de comprendre pourquoi ce qu'il voit ne correspond pas à sa prédiction.

À l'âge d'un an, le jeune enfant pratique avec brio les probabilités de résultats en fonction des informations qu'il aura en sa possession. D'une majorité de boules rouges, doit sortir une boule rouge ; d'une majorité de boules blanches doit sortir une boule blanche.

Ces expériences sont mesurées en comparant les temps de réaction de l'enfant devant le résultat. Si celui-ci est attendu, l'enfant passera beaucoup plus vite à autre chose que si le résultat est peu probable. Un enfant en bas âge fixe longuement les choses qu'il ne comprend pas.

Cette réalité physiologique induit d'importantes conséquences sur nos comportements. Car sans y prendre garde, nous pouvons gentiment nous éloigner d'une réalité pourtant factuelle pour nous laisser guider par un cerveau conditionné à attendre « les bonnes réponses ».

Le fonctionnement inversé de nos cerveaux

« Mon fils est allergique à l'école ! » J'entends cette phrase quand des parents viennent me voir au sujet de leur enfant diagnostiqué « dys quelque chose » peine à suivre en classe, à écouter les consignes, écrit mal et paraît très souvent dans la lune. La dyslexie figure en tête de liste, mais aujourd'hui je découvre la dysorthographie et la dyscalculie en autres...

La première séance se déroule toujours de la même manière : en commençant par décortiquer avec le jeune comment fonctionne son cerveau. Je suis sidéré de constater que les différents professionnels de santé rencontrés avant moi n'ont pas pris le temps de l'expliquer ni aux parents ni à l'enfant. Je ne voudrais pas généraliser, même si ma propre expérience ne me laisse pas le choix.

La particularité de notre cerveau tient dans sa construction en miroir. Pour simplifier la démonstration, nous allons considérer ces deux cerveaux, un à droite et l'autre à gauche, et entre les deux une ligne médiane qui les partage.

Maintenant, les choses vont se compliquer, car le fonctionnement de nos sens est inversé par rapport à la position de nos deux cerveaux. Un droitier utilise son cerveau gauche pour écrire et un gaucher son cerveau droit.

Ainsi, quand nous plaçons notre téléphone à l'oreille gauche, c'est notre cerveau droit qui prête attention et inversement. Mais pour corser l'histoire, nous n'entendons pas la même chose avec nos deux oreilles ! La droite écoute la tonalité, l'émotion, le sous-entendu, l'harmonie générale des mots ; la gauche ne retiendra que les consignes, les chiffres, la matière, une heure de rendez-vous...

Cela fonctionne de même avec la vision. Nous avons tous un œil directeur qui peut changer en fonction de la distance à laquelle nous regardons. Et nous ne voyons pas la même chose en fonction de l'œil qui observe.

Pourquoi faire simple ?

Cela n'a l'air de rien, mais cette particularité physiologique peut rendre l'apprentissage et l'école totalement indigeste pour bon nombre d'entre nous.

En théorie, nos deux cerveaux doivent travailler, main dans la main, simultanément, mais malheureusement ce n'est pas toujours le cas. Pour le savoir, il faudrait passer une IRM et regarder entre les deux cerveaux, la taille de cette masse blanche appelée « corps calleux » qui constitue les liaisons entre eux deux.

La spécificité des « dys » tient dans le fait qu'ils manquent d'agilité à faire s'activer alternativement leurs deux cerveaux et que c'est à la longue très fatigant pour eux.

« J'écoute la maîtresse avec mon cerveau droit et en même temps j'écris avec mon cerveau gauche, oups du coup je n'écoute plus la maîtresse, ou alors je n'écris plus parce que j'aime bien sa voix… »

L'homolatéralité freine l'apprentissage, mais n'empêche pas de vivre. J'ai corrigé la mienne à presque quarante ans et depuis je prends encore plus de plaisir à lire, écrire et apprendre.

Paul et Gail Dennison ont écrit plusieurs livres sur la *Brain Gym* (la gymnastique du cerveau). Ces exercices apprennent à faire travailler simultanément les deux hémisphères et ainsi à renforcer le réseau de fibres qui sert de support de communication entre les deux cerveaux. Mais ils ne permettront pas de réaliser plusieurs tâches cognitives simultanées. Aucun cerveau ne peut le faire de manière permanente !

Les résultats spectaculaires de cette méthode mondialement utilisée ne sont plus à prouver et en quelques séances le cerveau des « dys » ne fait plus qu'un.

Réévaluation, plasticité cérébrale et résilience

Pour conclure sur l'apprentissage, je voudrais évoquer une notion importante : l'apprentissage ne s'arrête jamais !

Pour ce faire, nous pouvons réévaluer en permanence ce que nous sommes par rapport à notre environnement. Nous pouvons réapprécier nos gestes en regardant différemment. Et enfin, nous réapproprier nos processus de décision. C'est le pilier principal du principe thérapeutique que je défends.

La plasticité cérébrale, qui n'a certainement pas finie de nous étonner au fur et à mesure des futures découvertes, permet de changer de point de vue, de modifier ses comportements, de se défaire des cercles et des filtres de fonctionnements.

Lorsqu'en séance un patient vient de prendre conscience d'un fonctionnement et des liens qui impactent son présent, la question posée demeure la même : « Et maintenant, comment je m'y prends concrètement pour avancer ? »

Nos habitudes de vie voudraient que nous nous appuyions sur « quelque chose » pour aller mieux (médicaments, techniques corporelles ou psychocorporelles, méditations, yoga, respiration, huiles essentielles…, je pourrais remplir d'autres pages).

Je ne nie pas les satisfactions que l'on peut tirer de toutes ces béquilles, mais le processus premier qui permettra de changer ne peut venir que de soi et uniquement de soi, de sa capacité de résilience dont Boris Cyrulnik est l'ambassadeur.

Ce cocktail : réévaluation, réappropriation, réappréciation, plasticité cérébrale et résilience vaut toutes les posologies de la Terre.

Plus vous continuerez d'apprendre à vous connaître et plus la matière récoltée vous permettra de vous sentir en harmonie, sur la route du Mieux-être.

4 Le moment présent

« Si nous sommes dans la joie, gardons-nous de porter nos pensées au delà du présent. »

Horace

« L'avenir nous tourmente, le passé nous retient. C'est pour ces raisons que le présent nous échappe. »

Gustave Flaubert

« La distinction entre le passé, le présent, le futur n'est qu'une illusion, aussi tenace soit-elle. »

Albert Einstein

Le moment présent ou la main créatrice

Le sujet du moment présent, de l'instant présent, de l'« ici et maintenant » est comme un Graal magique, indispensable à atteindre.

Le marché du bien-être s'empare régulièrement de ce sujet et offre un panel de propositions de « solutions clés en main » qui me laissent songeur. Accéder à ce moment présent donne à penser que nous serons sauvés de tous nos maux. Et les méthodes pour y parvenir foisonnent…

Le succès foudroyant du livre d'Eckart Tolle : « Le pouvoir du moment présent » publié en 1997, qui ne se dément pas depuis y est sûrement pour beaucoup.

Vivre le moment présent et le lâcher-prise est pour toutes les personnes qui entreprennent une exploration d'eux-mêmes, le cocktail magique pour aller mieux !

Mais que raconte ce livre ?

J'ai été très surpris de constater qu'une grande majorité de mes patients qui le possèdent ne l'ont pas toujours lu jusqu'au bout et surtout l'ont trouvé très difficile d'accès. J'ai moi-même dévoré non sans obstacle, cet ouvrage il y a plusieurs années, et m'y suis replongé par petites touches assez régulièrement. J'avoue comprendre les remarques de mes patients sur la complexité du propos.

Je crois que ce livre se dévoile plus facilement quand « c'est le bon moment » pour le lire, comme beaucoup d'autres choses, d'ailleurs.

Pour avoir essayé très souvent en séance de faire prendre conscience du moment présent et de son mode de fonctionnement. Pour l'avoir également pratiqué en animant des ateliers, je sais la puissance du « mental menteur » à défendre son pré carré et à rendre obscur tout ce qui peut lui nuire.

Saisir le moment présent n'est pas simple, en tous les cas en apparences. Mais je voudrais par ces lignes vous prouver le contraire.

Pour moi, le moment présent va de pair avec la main créatrice. Jamais l'un sans l'autre. Le moment présent est constitué de ce que la main peut créer, toucher et faire disparaître (les handicapés ou les manchots remplaceront la main par la partie du corps avec laquelle ils s'expriment).

Chercher de l'eau dans l'océan !

Commençons par trouver le bon positionnement de l'instant présent. Le discours convenu est de dire que tendre vers ce comportement ouvre la porte du bien-être. De fait, de nombreux patients me demandent comment faire pour atteindre ce moment présent.

Ma réponse est simple, claire et déroutante : c'est une quête totalement vaine, comme de chercher de l'eau dans un océan ! Mais ne soyez pas découragé, bien au contraire. Vous allez comprendre pourquoi.

Laissez-moi vous emmener quelques années en arrière. Dans les classes primaires, les premières leçons de grammaire nous ont appris l'existence de trois temps différents. Celui qui représente ce qui s'est passé hier, celui qui se passera demain et celui qui est en train de se produire. Nous avons compris sans difficulté ce concept parce qu'à partir de six ans la notion de durée est normalement acquise.

Mais avant cela, notre quotidien de bébé, puis de très jeune enfant se déroule uniquement au présent. Inutile d'expliquer à un enfant de deux ans que nous revenons dans une heure, qu'il ne doit pas s'inquiéter. Pour lui, soit nous sommes là, soit nous avons disparu ! On-Off !

La transition entre le temps présent et celui à venir se comptera en nombre de dodos ou d'autres moments agréables que l'enfant pourra égrener pour conceptualiser la notion du temps.

Si nous débutons notre vie en apprenant à parler au présent, c'est pour décrire ce que nous faisons… dans l'instant présent. Jusqu'à l'âge de trois ans, le jeune enfant ne peut pas vivre ailleurs que dans le moment présent et ce sera vrai la quasi-totalité du temps jusqu'à l'âge de six ans, voire plus. Et ensuite ?

Ensuite, rien ! La quête du moment présent demeure vaine parce que seul le moment présent existe ! Inutile de le chercher, nous nous y tenons en permanence !

Le travail va constituer maintenant à retirer tout ce qui nous empêche de voir, de sentir, de toucher, que l'unique endroit pour vivre est ici et maintenant.

Le seul endroit pour vivre, c'est ici et maintenant !

Je le dis encore et encore, parce que je sais d'expérience que cette phrase a la capacité de faire se fermer les portes de l'entendement. Intellectualiser cette idée est aussi compliqué que d'expliquer la relativité restreinte[1] d'Einstein. Le « mental menteur » refuse de nous laisser imaginer que cela puisse exister.

Pourtant le moment présent n'est pas un état à atteindre, mais à débarrasser de nos peurs et de notre culpabilité.

Ainsi, nous pouvons des jours entiers nous tenir enfermés dans une pièce aux volets clos et finir par croire que la lumière n'a plus de sens pour nous, oubliant alors que ce sont les volets ou les murs qui nous empêchent d'accéder à la lumière. Nous sommes souvent responsables de notre isolement, mais nous nous en jugeons presque toujours étrangers. Les jours peuvent se changer en mois, voire en années.

Ensuite, quand les circonstances de la vie commandent de remettre de la clarté dans cet endroit hermétique, aucun outil ne nous semble durablement efficace. Et pour cause, comment faire tomber « ces murs de peurs » et « ces barricades de culpabilités » ?

Le retour vers la lumière peut s'opérer en douceur, en laissant entrer des traits de lueur dans notre environnement.

Le recours à la main créatrice soutient cette transformation.

Trois questions que nous nous répéterons, cent fois, mille fois peut-être, pour savoir si nous sommes dans le moment présent :

– 1. est-ce que ma main vient de créer ce que je vis ?

---

[1] *La relativité restreinte a d'ailleurs un impact en philosophie en éliminant toute possibilité d'existence d'un temps et de durées absolus dans l'ensemble de l'univers (Newton). À la suite d'Henri Poincaré, elle a forcé les philosophes à se poser différemment la question du temps et de l'espace.*

– 2. est-ce que je peux toucher ce que mon cerveau est en train de me donner comme information ?

– 3. est-ce que ma main peut faire disparaître ce que je suis en train de vivre ?

Si vous répondez oui à au moins une de ces trois questions, alors vous vous trouvez dans le seul endroit pour vivre : le moment présent.

Ces moments de présence

Pour vous aider à répondre à cette première question[1], voici une liste non exhaustive des moments connectés à la vie et que vous pourrez compléter le cas échéant avec vos propres activités.

Elle est surtout écrite pour vous montrer la facilité de renouer avec cette dimension de votre vie. Cette dimension de l'action que je fais passer dans le symbolisme de la main créatrice où tous les membres, tous les sens sollicitent le corps.

Vous êtes dans le moment présent dans les activités où un degré d'attention suffisant correspond à la pratique des sports collectifs ou d'action. À l'inverse, tous les sports « routiniers » qui peuvent laisser l'esprit vagabonder pendant que vous effectuez votre entraînement comme la marche, la natation ou plus généralement tous les sports exercés en solo peuvent vous faire décrocher de l'instant présent.

Vous êtes dans le moment présent en parlant et en écoutant en conscience des amis, des inconnus, une émission. En vivant en direct une relation amoureuse naissante.

En exerçant un métier d'action, d'écoute, dont les informations récoltées dans l'instant vont influencer les prises de décision.

En étant connecté à l'environnement physique et en se demandant quelles parties de notre corps sont en contact avec le sol ou bien si nous avons froid, chaud ou mal quelque part ?

---

[1] *Est-ce que ma main vient de créer ce que je vis ?*

Je pense que rire, là aussi réellement, pas dans sa tête, ne peut s'accomplir qu'ici et maintenant. Et c'est sûrement pour cela que c'est si bon de le (re)faire.

Plus largement exprimer en direct toute la palette des émotions possibles, sortir une colère, pleurer, s'extasier, souffrir, jouir, en un mot VIVRE relie à l'instant présent.

Le théâtre est d'ailleurs une excellente porte d'entrée vers « ici et maintenant ».

La caméra qui rend sage

Pour vous aider à répondre aux deux dernières questions[1], voici un exercice que j'ai envie de nommer « la caméra qui rend sage ».

Quand le blabla, la rumination nous bloque ou que nous avons l'impression de tourner en rond, imaginons que nous devenons cinéastes. L'objectif consiste à installer une caméra à l'endroit où celle-ci pourra le mieux appréhender ce qui nous entoure, ce qui constitue notre cercle. Nous allons prendre l'exemple de cette photographie reproduite à la page suivante.

Vous allez filmer ce que vous voyez au travers de l'objectif de la caméra. En clair, vous allez examiner le moment présent devant vos yeux.

La caméra est plantée, vous vous imaginez donc être cet homme et vous allez regarder par l'objectif.

Silence ! Moteur ! Action !

Tournez la page et prenez des notes de ce que vous voyez de l'instant présent.

---

[1] *Est-ce que je peux toucher ce que mon cerveau est en train de me donner comme information ?*
Est-ce que ma main peut faire disparaître ce que je suis en train de vivre ?

Voici ce que la caméra (donc vous-même) peut voir :

– Une place piétonne, avec un bâtiment dans le fond.
– Des gens qui s'y déplacent.
– Le ciel gris (absence d'ombre).
– Un homme (vous) debout devant une table haute, en train de feuilleter un document.
– Un verre à moitié rempli.

C'est tout ce que la caméra peut voir !
Je vous rappelle cette deuxième question : est-ce que je peux toucher ce que mon cerveau est en train de me donner comme information ?
Dans l'hypothèse où nous serions effectivement cet homme, nous aurions pu préciser le contenu du document et la teneur du liquide dans le verre. Mais c'est tout. Aucune autre donnée ne transparaît. Tout le reste s'apparente au bavardage mental et aux suppositions.
Par exemple :
– se demander comment se passera son rendez-vous dans quelques heures ;
– se demander si cette femme finira par le rappeler ;
– se demander où il mangera ce soir ;
– se demander…
Ces questions existent réellement, mais elles demeurent dans un autre espace temps.

Différencier la réalité réelle et la réalité virtuelle

Je sais ce concept difficile à prendre en compte, pourtant le bavardage mental se nourrit d'exemples qui n'existent pas dans le moment présent.
Vous allez me dire avec raison que vos soucis, vos peurs, vos angoisses et autres remords constituent des évènements concrets de votre vie.
Si à trois heures du matin, vous tournez en rond dans votre lit parce que vous ne trouvez pas comment payer cette dernière facture, ou que vous vous demandez comment se déroulera votre examen ou votre entretien d'embauche, ce n'est pas du blabla, vos problèmes sont réels !

Et bien, selon moi, oui et non.

Je ne nie pas l'existence d'une situation : facture, examen, entretien s'inscrivent dans notre vie. Mais à trois heures du matin, ces choses n'existent pas ! Elles sont invisibles dans l'œil de la caméra !

Notre mental tourne en boucle un évènement qui n'existe pas encore, nous faisant crever de trouille et donc repoussant le moment où nous prendrons la décision d'avancer (« ces murs de peurs »). Ou bien au contraire, il nous fait ressasser un incident du passé en imaginant toutes les hypothèses que nous aurions pu vivre, mais que nous ne pouvons de toute façon pas changer aujourd'hui, et qui nous font nous sentir coupables (« ces barricades de culpabilités »).

Si à trois heures du matin vous avez une solution, une possibilité de mettre la main en action pour répondre à votre attente, alors levez-vous et passez aux actes.

Sinon, dites à votre mental que ce n'est ni l'heure ni l'endroit pour traiter ce problème et que vous le réglerez avec plaisir le moment venu.

Petite astuce pour déconnecter le bavardage mental : comptez à rebours en visualisant les chiffres. Personnellement, en partant du nombre cent, j'arrive rarement vers le cap des cinquante !

Pourquoi perd-on cette capacité de vivre seulement dans l'instant ?

Le premier responsable est bien sûr notre cerveau et plus précisément celui qui peut en prendre tous les pouvoirs et dont nous avons parlé plusieurs fois : le « mental menteur. »

Essayons d'aller plus loin dans l'analyse. Le cerveau est un maniaque du rangement ! Chaque information doit être si possible classée dans une case déjà existante. Le processus d'exécution du programme compare l'élément nouveau avec ce qu'il connaît, donc avec le passé ! Lors du filtrage, le cerveau a donc tendance à se couper du moment présent.

La deuxième chose à avoir en tête — si j'ose dire — c'est que le cerveau a, d'une manière générale, plutôt envie de se simplifier la vie. Il traite 200 000 informations par secondes dont seulement une quarantaine nous arrive de manière réellement consciente.

Le troisième facteur important à connaitre concerne le fonctionnement des liaisons dans le cerveau, entre les neurones. L'information, sous forme d'influx électrique, circule dans des synapses qui ont la particularité de se développer à mesure qu'elles sont utilisées ou, au contraire, de disparaître si elles ne sont pas sollicitées.

La conjonction de ces trois facteurs fera dire en séance par certains patients après quelques mois ou années d'utilisation : « je vous assure que je suis incapable de saisir l'instant présent, je repars immédiatement dans le passé ou dans les projections du futur ! »

Bien sûr ! Et c'est normal !

Plus nous comparons ce qui nous arrive avec des références à notre passé, plus les synapses transportant ces informations se renforcent au point de devenir des autoroutes qui emmèneront le quotidien dans des émotions difficilement gérables (ces fameuses boucles déjà évoquées). La spirale est enclenchée et la solution pour en sortir est d'identifier le grain de sable qui a commencé à faire dysfonctionner l'analyse consciente du présent.

Exercice de l'écriture au bord du flux...

Quand la rumination mentale empêche toute action et tout retour à la raison, voici un exercice qui peut nous reconnecter avec le moment présent.

Puisque c'est avec la main créatrice que je réalise, alors installez-vous devant une feuille ou un cahier et prenez un stylo. Ne jouez pas avec. Non ! Posez-le sur la feuille comme si vous alliez écrire la première lettre du premier mot...

Essayez cet exercice que vous soyez ou pas un habitué du stylo. Souvent, cela marche plus facilement et plus rapidement pour ceux qui se disent novices ou incapables d'aligner trois phrases.

Les mots doivent sortir du ventre sans passer par la case cerveau. Vous devez accepter de ne pas savoir ce que vous allez lire, ce que vous allez déchiffrer. Vous devez ouvrir le champ des possibles, sans limites d'espace, sans peur de la page blanche.

Ne vous laissez pas distraire par la minute d'après qui pointe le bout de son nez, par ce petit rien qui peut vous mener juste quelques secondes en décalage avec la réalité.

Il suffit que la main s'arrête plus de dix secondes, parfois moins, et c'est le mental qui reprend et qui veut imaginer la suite de l'histoire.

Inlassablement, comme le jour où vous avez appris à pédaler sans roulettes, vous allez reposer le stylo sur la feuille et donner l'impulsion.

Laissez la main reprendre sa place et faites-lui confiance, sans réfléchir, sans respirer, sans relire ni tenter de comprendre où le texte vous emmène. Mettez tous les a priori à la poubelle.

L'exercice s'apparente à l'écriture automatique ou spontanée, mais dans un lien unique avec nous-mêmes. Le retour à une relation privilégiée entre notre conscience et notre être profond.

Les mots justes

J'insiste vraiment sur les « règles du jeu » pour maximiser les chances de rédiger les mots justes.

Le stylo ne doit pas se relever. Vous ne devez pas vous dire « qu'est-ce que je vais écrire là, ici et maintenant ? »

Peu importe que vous rédigiez mal, que vos phrases n'en soient pas, qu'elles accumulent les fautes d'orthographe ou de grammaire. Ne vous laissez pas distraire. Isolez-vous. Coupez le téléphone. Éteignez l'ordinateur et la télévision.

Je ne sais pas ce que la main et le stylo écriront si vous vous prêtez au jeu de l'exercice. Vous pourrez laisser échapper les tensions emmagasinées tout au long de la journée, de la semaine, de la vie…

Allez-y.

Peut-être écrirez-vous des listes de rêves, de problèmes à régler, de choses à faire avec la priorité du cœur et du ventre et non plus de la raison et des obligations du général, le roi « mental menteur ! »

Les mots pourront devenir des lettres que vous adresserez à celles et ceux que vous aimez, pour dire de manière juste ce que vous êtes, vos sentiments et les émotions que cela vous procure.

Peu importe ce que signifieront ces mots, ils auront été puisés dans l'instant présent et c'est là l'essentiel.

C'est un peu comme si pour une fois, vous mettiez sur la table, tout ce qui se cache dans votre boîte en fer blanc dont nous avons déjà beaucoup parlé.

Ayez sincèrement le courage de laisser l'intérieur de vous s'exprimer au travers de votre main.

Comment se détourne-t-on du moment présent ?

L'instant présent des enfants est naturellement centré autour du jeu, qui permet l'éveil et la création du lien social. La qualité de l'attention donnée aux très jeunes détermine leurs capacités futures d'intégration et de partage dans leur environnement.

La tendance généralise l'individualisation des loisirs et le numérique provoque ce repli sur soi. Il est commun de voir des bambins de deux ou trois ans se retrouver avec une tablette sur les genoux pour apprendre à reconnaître des formes ou des couleurs.

« C'est le progrès ! Il faut vivre avec son temps ! »

Et grand nombre d'études réalisées sur l'utilisation de « l'outil numérique » démontrent que l'enfant intègre efficacement les apprentissages, donc je suis un vieux c... si je m'interroge sur la pertinence de ce procédé.

Est-ce que les recherches s'intéressent à l'interaction avec l'autre ? Avec l'instant présent ? « Hors sujet », oppose-t-on quand on daigne seulement répondre. Peut-être pas... Les travaux de Patricia K. Kuhl[1] montrent que l'apprentissage des sons d'une ou plusieurs langues, lorsqu'il est effectué en même temps qu'un contact physique (tel qu'être assis sur les genoux de son parent) se fait de façon bien plus optimale[2].

---

[1] *Patricia Katherine Kuhl est professeure de sciences de la parole et de l'ouïe et co-directrice de l'Institut des Sciences de l'apprentissage et du cerveau à l'Université de Washington. Elle se spécialise dans l'acquisition du langage et les bases neurales de la langue.*

[2] *https://www.ted.com/talks/patricia_kuhl_the_linguistic_genius_of_babies?language=fr*

Certaines enquêtes alertent tout de même sur les consé-quences néfastes de l'utilisation des écrans sur un cerveau en construction et bien plus grave encore, sur les incidences des ondes wifi qui se dégagent de tous ces objets numériques.

Enfin, quand l'enfant va grandir, il aura pris l'habitude de jouer seul et de trouver ça normal et vraisemblablement plus simple que de se confronter à ses camarades. Si personne ne lui a montré comment se comporter avec les autres, difficile de blâ-mer l'enfant démuni devant un groupe !

Ces sujets, bien que très importants, nous éloignent cependant de nos préoccupations sur le moment présent.

Une application pour l'instant présent !

Dans la continuité de cette numérisation de nos vies, le télé-phone portable ou plus exactement son utilisation sans limites, s'est transformé en pire ennemi de l'instant présent.

Qu'est devenu l'espace public ? La rue, les gares, les bus, le métro, les cafés, les restaurants sont traversés par des fan-tômes d'un nouveau genre : un « mental menteur » relié à deux pouces frénétiques dont le champ des possibles ne tient que sur quelques centimètres carrés !

Des accidents de plus en plus violents et mortels augmentent à cause de l'inattention induite par l'usage du téléphone en tous lieux.

Ce comportement se retrouve aussi dans la sphère privée. Uti-liser un ou plusieurs smartphones dans les repas de famille, un dîner aux chandelles, voire dans le lit des amoureux est devenu commun.

Cet outil de connexion sans limites et instantané nous offre un réel progrès... à la condition que chacun reste à sa place !

Par exemple, Matt Killingsworth[1] a réalisé, grâce à une applica-tion pour smartphone, une gigantesque étude sur les liens entre le bonheur et ce qu'il nomme « l'évasion mentale » (c'est-à-dire de ne pas être dans le moment présent !) En deux mots, les ré-

---

[1] *Matthew Killingsworth étudie la nature et les causes du bonheur humain. Il est le créateur de www.trackyourhappiness.org , un projet qui utilise les télé-phones intelligents pour étudier le bonheur en temps réel dans la vie de tous les jours.*

sultats montrent que le fait de se déconnecter du présent nous éloigne du bonheur[1]...

Le travail de repli sur soi commencé par la télévision à la fin du siècle dernier atteint son paroxysme aujourd'hui avec le téléphone. Et dans le même temps, la demande d'aller mieux, d'apprendre à se connaître, à se comprendre, à trouver du sens à sa vie suscite toutes les convoitises.

Faire le choix du moment présent

Pouvons-nous, sans l'aide de quiconque, décider de modifier notre rapport au présent ?

Pour illustrer cette idée, je voudrais vous parler du moment le plus difficile pour chacun de nous : faire face à la mort d'un proche.

La douleur intense, immense, peut s'accompagner d'une sidération si la disparition surgit brutalement. Affronter le vide et maintenir l'équilibre devient la seule occupation.

Vivre le moment présent demeure dans ces circonstances très compliqué. Le risque de rester bloqué hors du temps est majeur. Parfois même pendant des années !

Nous avons tous en mémoire le souvenir, lors d'un enterrement, du contraste saisissant entre la solennité du moment et les manifestations de vie ordinaire d'un jeune enfant : rire, pleurs, agacement, questions qui brisent le silence...

Quand on y pense, ce sont pourtant d'excellents moyens de faire descendre de plusieurs niveaux la tension palpable de la séparation.

L'instant présent, puisqu'il s'agit de lui, soulage !

L'attitude de l'enfant confronté à la mort, peut-elle nous servir pour comprendre nos propres blocages et vivre le deuil avec plus de sérénité et de sagesse ?

Je suis convaincu que le soin efficace s'effectue dans l'instant. Nous ne guérissons de rien dans les méandres du « mental menteur. »

L'enfant ne peut et ne doit pas rester figé dans une situation traumatisante. Cela ne veut pas dire que l'information de la dis-

---

[1] http://www.ted.com/talks/matt_killingsworth_want_to_be_happier_stay_in_-the_moment#t-597099

parition n'a pas été reçue. Mais elle n'a peut-être pas vocation à encombrer le présent !

À dix-huit mois, l'enfant sait faire preuve d'empathie à la condition que l'évènement qui la provoque se passe de manière concrète dans l'instant présent. L'enfant cesse d'être bienveillant si notre mal-être ne se construit pas dans l'instant et s'alimente uniquement à la source de notre mental. Le jeune enfant ne peut comprendre notre affliction si rien de visible ne lui suggère que nous sommes tristes !

Cette attitude offre une piste importante pour réintégrer plus rapidement le flux de l'instant présent.

Fabriquer nos recettes

Ce chapitre touche à sa fin et peut-être certains attendent des « recettes » pour les aider « à retrouver » le moment présent.

Je m'interroge depuis des mois sur les recettes et autres pommades qui sont offertes, sur leurs nombres et leurs capacités à pouvoir et surtout « devoir » soulager les maux…

Tout comme je viens d'essayer de vous expliciter que le moment présent ne quitte pas nos vies et que c'est l'illusion du contraire qui nous fait douter de nous ; je voudrais vous (re)dire que les recettes, pommades et autres techniques qui fonctionneront doivent essentiellement sortir de nous et uniquement de nous. Et plus exactement de notre main et de notre ventre.

Ce qui organisera la force de notre changement sera notre capacité à regarder de manière globale l'ensemble des parties développées jusqu'ici. L'essence même de notre thérapie deviendra le lien, les liens que nous tisserons dans l'exploration de notre fonctionnement.

Nous allons maintenant aborder ce qui trouble la perception du moment présent.

Pour pouvoir redonner à la main son pouvoir de création de l'instant et ainsi très certainement nous donner de la matière et des clés pour y parvenir, plongeons dans la découverte du « mental menteur. »

5 Le mental menteur

« A longtemps regarder la mer, on se fait un horizon de l'âme. »

«   On croit longtemps que tous les dangers et les merveilles sont en dehors. Mais les vrais anges et les vrais démons sont en dedans. »

Gilles Vigneault

Y a-t-il un pilote aux commandes ?

Par les termes de « mental menteur », « général », « ego », (une patiente utilise même le terme grinçant de « l'autre connasse ! ») : mais de qui et de quoi parle-t-on exactement ?
Je ne voudrais pas vous perdre dans des définitions savantes ou conceptuelles, alors voici une métaphore pour que nous établissions clairement notre propos.

Imaginons que vous soyez une voiture (je vous laisse le choix du modèle, cela ne change rien à ma démonstration !). Cette voiture rassemble toutes les pièces techniques nécessaires à sa fonction : vous emmener en sécurité d'un point A à un point B, avec un niveau de confort et d'information que vous aurez choisi. Disons pour simplifier que ce véhicule symbolise notre corps avec toutes ses fonctions physiologiques et anatomiques.
Pour faire fonctionner ce véhicule, il faut centraliser les commandes dans un tableau de bord qui reçoit, traite et envoie à son tour toutes les indications utiles. Ainsi peut-on représenter le cerveau et tous les systèmes qui communiquent avec lui.
Cependant, il manque encore le plus important pour permettre à cette voiture d'avancer : un chauffeur, celui qui va prendre les initiatives, déterminer la vitesse et la direction à suivre, bref celui qui **dirige** !
En ce qui nous concerne, la majorité des décisions de fonctionnement sont prises sans que nous n'en ayons conscience. Et bienheureusement d'ailleurs.
Mais alors, qui demeure le conducteur de notre propre vie ?
Une jolie collection de mots pourrait convenir : âme, conscience, intuitions, psychisme, pensée, émotions…
Maintenant, pouvons-nous imaginer que la voiture puisse décider seule de ne plus vouloir prendre les virages à droite sous prétexte qu'elle garde un très mauvais souvenir de l'un de ces virages exécuté il y a plusieurs années ? Ou qu'elle allume les phares quand nous lui commandons de mettre en fonction les essuie-glaces parce qu'elle pense que cela lui facilitera la vision de son environnement ? Évidemment que non !

Esprit libre et… indépendant !

La particularité de notre fonctionnement tient dans l'automatisation de très nombreuses tâches et décisions prises chaque seconde dans nos vies.

Pour reprendre l'analogie de la voiture, le pilote automatique gère une multitude de « petites décisions » qui nous rendent l'existence plus facile, en apparence du moins.

Je ne parle pas des systèmes internes comme faire battre notre cœur ou digérer, mais d'actions qui passent inaperçues.

La température baisse gentiment en soirée et sans nous en rendre compte nous attrapons notre pull pour nous couvrir. Parce que nous avons soif, nous buvons un verre d'eau. Et pourtant, dans ces deux exemples nous n'avons pas eu besoin de conscientiser la soif ou le froid pour commander ces gestes.

Cette aide au pilotage perdure pour nous permettre de nous consacrer aux vraies décisions que nous devons prendre. Du moins, c'est ce que nous croyons.

Dans le chapitre sur l'apprentissage, nous avons vu comment le cerveau a souvent tendance à travailler dans « son coin », sans véritablement nous inclure dans ses choix.

David Eagleman, spécialiste américain en neurosciences et auteur du livre « Incognito, les vies secrètes du cerveau[1] » développe avec talent ce sujet passionnant.

On peut y lire que « *la majeure partie de nos actes, de nos pensées et de nos sentiments échappe à la conscience. Notre vie intérieure a beau dépendre totalement du fonctionnement de notre cerveau, celle-ci mène sa propre barque. La plupart des opérations que le cerveau réalise, l'esprit conscient n'a tout simplement pas l'autorisation d'y accéder. Le "je" ne peut s'en mêler.* »

L'attirance rationnelle du cerveau !

Un des premiers exemples dont parle David Eagleman dans son livre raconte une expérience qui a été réalisée sur un groupe d'hommes. Il leur était demandé de qualifier l'attirance

---

[1] *éditions Poche-Marabout 2015*

qu'ils avaient devant un certain nombre de photographies de visages de femmes.

Ce que les hommes ne maîtrisaient pas, c'est que la moitié des clichés avaient été retouchés pour que les pupilles apparaissent plus dilatées que la normale.

Et bien, la majorité des hommes choisit comme par miracle les visages aux pupilles dilatées, sans aucune prise de conscience. Pourquoi ont-ils agi de la sorte ? Parce que le cerveau **sait** que les pupilles dilatées d'une femme signifient une disponibilité sexuelle et une excitation plus importante que des yeux « normaux » !

Vous pensiez aimer les femmes à la chevelure blonde, les visages ronds ou les jolis minois aux nez pointus et votre cerveau se décide sur la dilatation des pupilles d'une prétendante par rapport à une autre ! Et il sélectionne bien d'autres critères à votre insu : le groupe sanguin (différent pour augmenter les chances de survie), un caractère complémentaire ou identique au modèle appris du père ou de la mère, etc.

Et pour vous, mesdames, le fonctionnement s'avère un peu similaire. Vos choix se tourneront davantage sur un garçon au taux de testostérone élevé caractérisé par une mâchoire virile, une barbe naissante, une forte carrure… le tout incarnant une aptitude à se reproduire !

L'impression que la voiture conduit comme elle l'entend va grandissant !

Les phobies

Dans le registre de la non-maîtrise exacerbée à l'extrême, je voudrais évoquer les phobies. Imaginons que vous ayez une peur bleue des araignées. Sans vous surprendre, si je vous tends une photo d'araignée, vous serez sûrement incapable de la saisir. En conscience vous savez pourtant que vous ne risquez rien, mais techniquement la commande ne sera pas exécutée, elle sera court-circuitée par le mental.

Faire prendre un ascenseur à un ascensumophobe ou voyager en avion à un aérodromophobe, faire s'installer sur une terrasse de café ou participer à un rassemblement sur une place publique à un agoraphobe ou un claustrophobe, provoquera une réaction identique.

Une fois de plus, un « conducteur bis » confisquera le contrôle de notre véhicule et nous emmènera hors de ce qu'il considère comme un danger potentiel, un traumatisme à ne pas revivre, un souvenir à oublier.

Une phobie s'apparente pour moi à une parade, un palliatif. C'est un remède, contre un traumatisme plus violent encore, un choc incompréhensible que le corps subi et doit encaisser.

La phobie devient un marqueur indélébile du traumatisme. Même si les deux diffèrent (ce qu'on appelle une phobie complexe). Les arachnophobes ont très rarement déclenché leur phobie après avoir été attaqués par une araignée (phobie simple). Le lien entre phobie et traumatisme permet le souvenir. Il laisse une trace, comme les cailloux du petit Poucet. C'est un balisage vers le placard qui contient l'histoire.

Pour faire face, avancer et pour continuer à vivre, le cerveau puis le mental vont organiser et ranger les émotions subies dans le placard jusqu'à ce que l'envie, le courage ou la force d'en ouvrir la porte prennent le dessus.

En voici un exemple.

La peur de l'avion

Mon patient a quarante ans lorsqu'il vient me consulter. Il est chef d'une entreprise en plein développement et il est amené à prendre l'avion de plus en plus souvent. La peur paralysante et violente qu'il ressent est à chaque fois plus forte et lui paraît incompréhensible. Il n'a souvenir d'aucune mauvaise expérience, d'aucun incident de vol. Il sait que ce moyen de transport est plus sûr que de conduire sa voiture tous les jours. Mais il ne peut pas se raisonner et a dû tout récemment annuler au dernier moment un déplacement important.

Je lui demande à quand remontent les apparitions de sa phobie. « Plusieurs années me dit-il, mais je n'avais pas peur adolescent ! Il me semble me souvenir que cela date d'un voyage à Bordeaux. » Je lui demande de m'en dire un peu plus sur ce voyage.

Il est surpris par ma question, cherche, trouve quelques points de repère et change de visage. Il me parle de la mort de son meilleur ami. Il ne reste plus qu'à « déterrer le lien » avec l'avion.

Je l'interroge sur les circonstances, sur la façon dont les choses se sont déroulées. Mon patient finit par me dire que son ami s'est suicidé. Il est mort à Strasbourg, pendant que lui se trouvait en déplacement professionnel à Bordeaux : il a donc dû sauter dans le premier avion pour traverser la France...

Je suis obligé de lui faire répéter deux ou trois fois ce « détail » pour qu'il en prenne conscience et se mette à pleurer doucement.

Ce n'était pas de l'avion dont il avait peur. Mais dans son cerveau, prendre l'avion conduit à une situation violente et traumatisante. Pour lui prendre l'avion reste le lien vers : « mon meilleur ami s'est suicidé, je n'ai pas vu son mal-être, je n'ai rien pu faire et je n'étais pas là » ! L'avion sert ici de prétexte, de marqueur.

Ainsi nous avons pu identifier précisément le traumatisme à traiter et c'est sur ce sujet que nous avons travaillé, sans plus jamais reparler d'avion.

Aujourd'hui, mon patient voyage sans phobie. Les aéroports évoquent pour lui (et évoqueront sûrement toujours) cette période de sa vie, mais à présent sans douleur gênante, en totale conscience et surtout en restant dans l'instant présent.

Faire disparaître une phobie

À force de découvrir de nouveaux fonctionnements automatiques, la sensation de non-maîtrise de nos vies s'accélère. Et finalement que nous reste-t-il comme leviers à actionner ? Sur quelles commandes nos gestes sont-ils réels et reflètent-ils notre propre volonté ?

Comment aller mieux si ma décision n'est pas écoutée par mon cerveau ?

À ce stade, la légitimité de ces questions repose sur la logique factuelle ! Mais l'exemple précédent nous montre la possibilité de sortir d'un processus qui semble pourtant hors de nos capacités.

Plongeons-nous profondément dans cette phobie. Car elle sert de lien, de marqueur pour ne pas oublier le traumatisme, pour ne pas négliger l'existence du dossier à ouvrir un jour ou l'autre pour regarder ce qu'il renferme !

Toutes les phobies indirectes ou complexes fonctionnent ainsi. C'est à la fois une cicatrice inguérissable et à la fois un leurre. Ce qui paraît cohérent puisque le problème ne se trouve pas dans l'avion ou dans tout autre support à la peur, mais dans le deuil, l'abandon, la culpabilité...

À partir du moment où le dossier est ouvert et **réellement** pris en considération, il y a toutes les chances que la phobie disparaisse puisque sa raison d'être est devenue obsolète. J'insiste sur ce point, parce que des patients parfois pressentent un lien entre une phobie et un événement de leur vie, mais en restent là. Ne pas toujours franchir la porte, ne pas ouvrir le dossier est leur droit le plus strict, mais dans ce cas ils doivent accepter que la situation ne change pas d'elle-même.

Mais si au contraire ils décident d'aller chercher des réponses (en se faisant aider par un thérapeute), la phobie va se résorber. En s'intéressant pleinement à ce qu'elle représente, il est possible de retrouver l'endroit précis où tout a commencé, où tout était rangé.

C'est à ce moment particulier que l'on peut reprendre les commandes et éteindre, en partie les circuits réactionnels automatiques.

Pour modérer une phobie simple comme « j'ai été mordu par un chien donc j'ai peur des chiens », le patient s'appliquera à considérer et vérifier que tous les chiens ne mordent pas forcément et ainsi créer une nouvelle connexion dans le cerveau limbique (celui du « j'aime, je n'aime pas »), en prenant du plaisir en compagnie des chiens...

Ce qu'il faut c'est faire gentiment taire le mental menteur et entrer en relation avec soi-même, avec ce que signifient le deuil, l'abandon et la culpabilité, en marchant sereinement vers le poste de pilotage. En bref, pratiquer l'auto-empathie comme le dit très justement une amie.

Nourrir les fonctionnements

La disparition de la phobie de l'avion n'a pas pour autant engendré la guérison spontanée du sentiment de deuil, d'abandon et de culpabilité.

Mais mon patient a conscientisé que ces sujets devaient être pris au sérieux, qu'ils résonnaient davantage qu'une simple peur irrationnelle.

Il a offert à son cerveau une autre façon de penser et des cheminements supplémentaires. Cette matière inédite peut aider à lever les processus de sécurité mis en place lorsque le pilote était moins impliqué. Cela marque la fin d'une période de vigie automatique où le cerveau, sans consigne particulière, se contentait d'être efficace et économe !

Plus nous prendrons du temps pour analyser nos fonctionnements, plus nous réaliserons de nouvelles connexions dans notre cerveau.

De ce fait, nous comprendrons que nous relions ensemble des morceaux jusque-là dispersés.

Nous avons évoqué les raccourcis effectués par le cerveau, toujours renforcés à mesure qu'il gère en solitaire les évènements de la vie. Cette spirale infernale s'inverse en reprenant une réelle implication dans notre vie, dans la compréhension de celle-ci.

Pour que le mental menteur retourne à sa juste place, nous devons nourrir notre cerveau en devenant curieux et en ayant envie de nous connaître davantage.

Pour qu'une solution thérapeutique puisse fonctionner, il faut se l'approprier. Nous ne devons plus agir comme un étranger dans notre vie, dans nos choix. C'est la meilleure façon de (re)devenir le pilote décisionnaire assisté d'un mental capable de seconder et non plus de tyranniser !

« Mais comment en suis-je arrivé là ? »

Quittons les phobies pour nous intéresser à la banale musique quotidienne du blabla. Dans l'inertie de la vie, chacun peut se laisser happer par le courant. La sensation de flotter en étant soutenu repose et inhibe les pensées. Mis en confiance et endormi par le rythme des choses, le niveau d'attention baisse en toute logique.

Prenons un exemple : dix ans que vous travaillez dans la même entreprise, que vous avez vu se succéder des périodes plus ou moins difficiles, que vous avez appris à faire le dos rond.

Au début, le sentiment d'avoir été choisi et accepté vous a porté, a démultiplié vos capacités de résistance... Mais l'euphorie a fini par redescendre.

Vous commencez à vous poser des questions. Sans vous en rendre compte, vous vous êtes largement éloigné des berges et le courant puissant vous malmène plus qu'il ne vous soutient. La fatigue grandit, jusqu'à devenir insupportable.

Soudain, un petit îlot, un minuscule îlot vous permet de vous arrêter. Mais vous y tenez tout juste debout, sans repos, sans répit !

Vous voilà prisonnier au milieu du fleuve. Les rives disparaissent dans le brouillard et tout retour en arrière est impossible.

« Mais comment en suis-je arrivé là ? » tombe comme la première remarque en conscience que le pilote va se poser devant un tableau de bord où tous les instruments de contrôle clignotent rouge.

Parfois, la situation est tout simplement niée : « ce n'est pas possible que MOI, j'en sois arrivé là ! » Ou « Je ne vais tout de même pas me fier à ces alertes ! Personne ne peut me battre, je continuerai coûte que coûte ! »

Et puis le niveau de l'eau grimpe encore. Après le travail, c'est la sphère privée qui se met à trembler et le corps dans ces conditions ne peut que vaciller.

La cuillère d'huile de foie ou l'autosabotage

Seuls aux commandes avec des dizaines de messages contradictoires qui nous arrivent de manière automatique, nous nous sentons démunis devant cette situation d'urgence...

Le mental menteur nous montre ses limites, mais n'accepte pas pour autant de nous redonner notre place de conducteur.

Il ne veut pas restituer les pouvoirs qu'il s'est octroyés aussi facilement. Une longue bataille peut démarrer ! En fait, elle va seulement se poursuivre, car elle a commencé bien avant que nous ne parlions !

Le mental menteur a réussi depuis toujours à nous faire croire que ce qui ne nous convient pas, ne nous correspond pas, demeure tout de même indispensable.

C'est la cuillère d'huile de foie de morue de nos parents : « ça n'a pas bon goût, mais c'est bon pour toi ! »

Oh ! bien sûr, nous n'avons peut-être pas été dans l'obligation d'avaler ce dont nous ne voulions pas, en général les choses se passent plus subtilement...

Si nous retournons sur notre petit bout de terre inondé au milieu du fleuve, ce type de phrase entre soudain en résonance :

« Avec les résultats que tu as, tu ne vas tout de même pas faire ce pauvre C.A.P. ! »

« Dans cette branche au moins, tu seras obligé de trouver du boulot ! »

« Que dirait mon père, si je ne faisais plus le métier dont il rêvait pour moi ? »

Et ensuite, ces petites phrases prendront ce genre de tournure :

« J'ai mon loyer à payer de toute façon »

« Comment honorera-t-on les factures, si je quitte mon poste ? »

Renoncer sans le dire

Pourtant avant d'en arriver à cette extrémité que déclenche la prise de conscience d'une situation grave, le mental aurait pu être contré...

Mais dans les faits, le mental menteur garde la main sur nos options de vie et les décisions importantes que nous ne prenons pas. Et le « général » va réussir à nous faire croire qu'en effet, c'est sûrement la meilleure solution.

Pour y parvenir, le principal levier s'appelle la peur sous toutes ses formes : de l'inconnu, de l'inconfort, de soi, des autres, de la morale, des lois, etc.

Alors la petite musique du mental trouvera les bons mots et les gestes rassurants pour que nous nous sentions « mieux » dans nos choix, enfin dans nos non-choix déguisés en choix...

Cela peut paraître insignifiant, mais notre cerveau se servira de toutes les occasions pour grignoter nos prises de décisions en appliquant son unique stratagème : réduire le nombre de connexions, ou en tous les cas n'en créer que le strict nécessaire.

Par exemple, pendant nos études, sortir en semaine avec des amis revenait à « tu mets ta vie en insécurité, j'ai peur que cela me porte préjudice ! »

Cela peut paraître excessif, pourtant je m'interroge au vu de ce que je découvre chaque jour à mon cabinet.

Du coup, nous apprenons très vite à renoncer (même sans employer le mot) ou à échafauder des pactes avec nous-mêmes. « Je sors ce soir, mais je ne regarde pas ma série ce week-end. » Nous nous transformons en prisonniers et en gardiens du prisonnier.

C'est d'une efficacité redoutable.

Et au fur et à mesure les compromis deviennent de plus en plus difficiles à tenir…

« Je te laisse à tes matchs de foot et en échange tu ne me parles pas de mon couple. »

« Je te laisse à ton téléphone et en échange tu ne me parles pas de mon manque d'enfant. »

« Je te laisse boire chaque jour et en échange tu ne me parles pas de mon patron. »

« Je te laisse manger pour deux et en échange tu ne me parles pas de mon agression. »

« Je te laisse… »

Ne pas faire de suppositions

Je sais que pour beaucoup d'entre vous le mental menteur signifie cette voix impossible à faire taire, particulièrement le soir avant de s'endormir.

Est-ce que nous parlons de la même chose depuis le début de ce chapitre ?

Sans détour, je réponds oui, même si je me suis surtout attaché à vous décrire pour le moment le fond davantage que la forme.

Le mental menteur se délecte de ces moments où, allongé dans notre lit nous refaisons notre journée ou imaginons celle du lendemain. Il continue le travail qu'il a commencé depuis des années. Il ignore avec aplomb le troisième accord toltèque[1] qui demande de ne pas faire de suppositions.

Mais comment concevoir autre chose ? Je rappelle que nous avons laissé la place de « conducteur de notre vie » vacante,

---

[1] *Don Miguel Ruiz, « Les quatre accords toltèques » Poche Jouvence 1999.*

totalement ou partiellement, et que notre cerveau assure l'intérim depuis de nombreux mois, de nombreuses années…

Dans ces conditions, le rôle de spectateur nous oblige à supposer ce qui se passera demain dans notre vie et comment notre cerveau fait pour y faire face.

Nous pouvons aussi présumer de ce que pensent les autres de notre journée passée et du coup regretter nos actes ou même culpabiliser…

Puisque nous n'avons plus accès au tableau de bord, nous en arrivons à ne plus distinguer en direct, dans le moment présent, ce que la vie nous offre.

Et, nous pouvons regarder le « replay » autant de fois que nous voulons, il ne nous reconnecte pas à l'instant présent !

Comment éteindre ce mental ?

Cette rumination peut nous conduire vers des comportements limitants. Comme avoir peur des autres, de ceux qui ne vivent pas comme nous. Ou croire et attraper toutes les informations au premier degré sans plus réussir à discerner le vrai du faux.

J'entends jusqu'à ma table de travail votre question : « Comment éteindre ce mental ? Donnez-moi des trucs, des astuces, s'il vous plaît ! »

Je vais donc vous prendre par la main et je vais vous emmener autour d'un feu de camp sur une plage d'Atlantique par une belle nuit d'été.

Je vous laisse encore quelques secondes pour entendre le bruit des vagues, le craquement des branches de pins et celui de bois flotté rendu par la mer, en train de brûler et d'éclairer notre espace.

Voilà, il ne reste rien d'autre qu'une plage, le bruit des vagues, du bois qui brûle, vous et moi. Nous sommes dans le moment présent. (Pour l'heure, dans la représentation du moment présent.)

Remets du bois sur le feu…

Dans l'énergie de ce moment particulier, il n'est pas nécessaire que les mots soient prononcés. Nous sommes capables de communiquer tous les deux. Nous sommes capables d'échanger, de donner sans limites et d'ouvrir le cœur, le corps et l'âme pour recevoir ce que l'instant a à nous offrir.

Dans ce silence, mes yeux dans les vôtres vont dire que les astuces, les trucs, les pommades et les remèdes s'expérimentent personnellement.

Surtout, mon regard va exprimer qu'il est nécessaire de sortir des pactes dans lesquels vous êtes emprisonnés depuis des années. Et pour ce faire, je ne vais naturellement pas vous fournir de la matière pour créer un nouveau pacte qui vous ferait croire que vous reprenez votre vie en main !

Je lis dans vos yeux la peur que je vous abandonne.

Comment allez-vous vous déployer si je vous retiens ?

Je veux vous montrer en douceur que c'est vous qui aviez déserté vos prises de décision. Et qui de plus précieux que la voix du ventre, de votre ventre ? Elle peut vous dire : « Nourris ta vie avec le présent. Ne suppose plus. Écoute les autres et raconte-toi à eux, tel que tu es.

Regarde, il n'y a rien ici, rien de matériel pour lequel tu passes ta vie à travailler, et tu n'as jamais été aussi vivant depuis des semaines…

Fais de ton cerveau ton meilleur ami, ton meilleur allié. Dépasse ses peurs et tisse avec lui de nouveaux liens. Physiologiquement pragmatique, il ne refusera jamais la nourriture nouvelle que tu lui offriras, quelle qu'en soit la quantité.

Remercie ton cerveau, ton mental menteur, ton "général", ta "connasse", d'avoir assumé et assuré l'intérim durant toutes ces années.

Redeviens le pilote, le conducteur. Et maintenant que tu entreprends de connaître le fonctionnement de ton cerveau, de tes apprentissages, de ton commencement*, cesse de te tendre des pièges. Redeviens acteur de ta vie, remets du bois sur le feu et souffle sur les braises du potentiel… »

6 De l'énergie dans l'Invisible

« La science a prouvé que la terre est ronde. Ce qu'actuellement personne ne conteste. Or, actuellement, on en est malgré ça encore, à croire que la vie est plate et va de la naissance à la mort.
Seulement elle aussi, la vie, est probablement ronde et très supérieure en étendue et capacité à l'hémisphère qui nous en est à présent connu. »

Vincent Van Gogh

« On vit seul car personne ne peut vivre à notre place. Et on meurt seul car personne ne peut mourir à notre place. Mais cela n'empêche pas de vivre et de mourir accompagnés, soutenus, aimés. Il y a en nous plus que nous ; nous sommes habités par tant d'autres personnes. »

Alain Delourme

Le cerveau de la carotte !

Avez-vous déjà tenu une semence de carotte dans votre main ? C'est minuscule ! Vous aurez besoin de huit cents à mille graines pour obtenir un seul petit gramme !

Comment dans ce contenant microscopique, la nature a-t-elle réussi à condenser autant d'informations, cette notice, cette feuille de route, qui pourrait être la suivante ?

« Tu resteras en dormance jusqu'à te retrouver dans une terre où la température avoisinera la quinzaine de degrés. Tu prendras soin de patienter pour que la saison soit la bonne, que la luminosité soit suffisante, ainsi que le taux d'humidité autour de toi. Il se peut que ces conditions prennent deux, trois voire cinq ans avant de se combiner. Soit persévérante ! Quand tu auras décidé de germer, tu mettras en route le processus de transformation qui fera de toi trois mois plus tard, une racine orangée d'une centaine de grammes, comestible et capable de produire de nouvelles graines. Tu pourras si besoin est, laisser aux semences que tu produiras les informations que tu auras recueillies durant ton propre cycle de culture ! Je crois que c'est tout, merci à toi et bonne chance ! »

Nous nous émerveillons devant les prouesses de la nature, sans jamais nous demander comment elle réalise ce tour de force.

Lorsque j'explique ma profession à un patient, je me retrouve vite confronté à devoir décrire l'invisible*. Et c'est comme si je devais dire par quels procédés techniques la graine de carotte devient carotte.

La complexité du discours apparaît quand je dois détailler cette sensation de mieux-être à l'issue d'une séance. Et c'est dans les descriptions de l'énergie que la difficulté commence, car contrairement à la nature, l'émerveillement ne suffit pas à convaincre.

Comment représenter ce que l'on ne voit pas ? Comment parler de l'invisible, de l'énergie avec des termes que chacun peut comprendre ? Comment ne pas tomber devant l'inévitable : « c'est quantique » ?

Une vision juste

Je pense que pour avoir une vision juste de la multitude et de la puissance des énergies, nous devons simplement cesser de croire, d'attendre et de vouloir ranger les réponses dans des casiers étiquetés.

Alors que les canaux d'informations s'amplifient de manière exponentielle, la pensée, elle, se restreint encore trop souvent de façon binaire et participe davantage à la fermeture des esprits.

Le formatage des cerveaux à la déresponsabilisation, au pré-mâché, à la non-réflexion impacte toutes les interrogations sur l'invisible. Par exemple, la gravité (dont nous n'avons jamais rien su de certains) est en train d'être remise en cause par différentes études qui par voie de conséquence rendraient caduques plusieurs théories…

Le cinéma et la littérature nous donnent une possibilité de découvrir des concepts de cet invisible. Sans être exhaustif, le film « Avatar » nous parle des liens multiples qui nous relient tous ; « X-Men » évoque les facultés inconnues que chacun pourrait développer ; « Interstellar » nous interpelle sur la réalité du temps…

Les hypothèses de ces œuvres de fiction demeurent dans le casier imaginaire de notre croyance. Le message conscient martèle que c'est juste du cinéma, du divertissement, que dans la vraie vie, le réel remplace l'invisible.

Rappelez-vous les commentaires des gens interviewés après les attentats du 11-septembre quand ils parlaient de l'effondrement des tours jumelles à la télévision : « J'avais l'impression de rêver, de me croire dans un film, je ne pouvais pas imaginer que c'était vrai ! »

L'événement provoque la sidération et l'assimilation de l'information se bloque dans le cerveau. Le passage au travers des filtres et la non-conformité avec le formatage habituel conduisent à l'impossibilité d'accepter la réalité. Ancrés dans l'idée que l'invisible s'apparente au divertissement et à la fiction, nous nous accrochons à cette croyance rassurante qui entretient notre sentiment de sécurité.

Ainsi, en quelque sorte, avoir une vision juste de l'invisible, c'est également se confronter à nos peurs.

Regarder plus loin

Alors, comment trouver la force d'ouvrir largement les parenthèses, de s'accorder le droit de modifier sa capacité à recevoir les informations ?

Comment réussir à lâcher les freins, mais aussi tous les filtres qui bloquent notre champ de vision, notre champ des possibles ?

Qui peut dire aujourd'hui comment fonctionne le monde ? D'où nous venons ? Si la vie existe sur d'autres planètes ? Et quelle réalité se cache dans d'éventuelles autres dimensions ?

Pourquoi se contenter de ce qui est accepté par le consortium scientifique ?

Nous cherchons depuis le premier jour et sans cesse nous inventons des outils qui nous permettent de voir au-delà de nos sens de naissance. Nous voulons maîtriser l'invisible. Nous tentons de le faire chaque jour.

Nous sommes incapables de lire naturellement un taux de radioactivité, de regarder un photon ou la surface de la lune. Nous manquons de précision pour connaître la température de l'eau juste en utilisant un orteil, mais aussi de compétences pour transformer les ondes d'une conversation sans nos téléphones portables !

Nous comblons nos lacunes en créant des accessoires pour devenir des X-Men. Aujourd'hui, nous imaginons même des applications qui diront à notre smartphone si notre corps fonctionne harmonieusement !

Petit à petit, nous nous détachons de nos sens. Nous perdons confiance en nous et laissons s'étioler nos ressources. Elles nous permettent pourtant d'avoir la capacité d'exister pleinement.

Pour revenir à l'extraordinaire histoire de cette graine de carotte, quels moyens a-t-elle mis au point pour connaître avec précision si la terre offre la bonne température, avec suffisamment d'eau et de lumière, pour pouvoir s'épanouir pleinement ?

Pourquoi exclure la possibilité qu'elle puisse se connecter à une source d'énergie qui lui donne le signal pour germer et se développer ?

Préférons-nous continuer à nous enfermer dans la négation de l'invisible ou apprendrons-nous un jour la sagesse d'émettre la perspective qu'il puisse exister ? L'homme repoussera-t-il longtemps ce qui bouleverse la sécurité de ses acquis ?

Vivre en harmonie avec l'énergie

L'énergie dont j'aimerais vous parler ici habite naturellement notre corps. Elle porte différents noms : le « chi » ou « qi » chez les Chinois, le « prana » pour les Indiens, le « ki » pour les Japonais. Elle prend aujourd'hui les termes « d'énergie vitale », « d'élan vital » ou encore de « champs bioénergétiques ».

C'est au fond du ventre que se situent nos réserves d'énergies les plus importantes.

Je tiens cette information du Professeur Marc HENRY, enseignant-chercheur en chimie, science des matériaux et physique quantique à l'université de Strasbourg.

Il a, lors d'une conférence à Reims en novembre 2015, comparé la capacité de stockage de notre cerveau avec celles de notre cœur et de nos intestins en développant simplement les surfaces de chacun d'eux.

Le cerveau arrive bon dernier avec 25 000 Go, le cœur en totalise 40 000. Quant aux intestins, ils pulvérisent les scores, faisant deux cents fois mieux que le cerveau avec une capacité de 5 millions de Go !

L'engouement récent pour le ventre avec le succès mondial du livre de l'Allemande Giulia Enders[1] va dans ce sens. Mais le « général cerveau » a certainement encore de belles années de monopole devant lui !

Pourtant, le nombre d'expressions populaires qui parlent d'énergie et de ventre atteste cette réalité : « la rage au ventre », « voir ce que l'on a dans le ventre », « avoir le diable au ventre », « arriver ventre à terre », « prendre aux tripes »…

---

[1] *« Le charme discret de l'intestin : tout sur un organe mal aimé »* Actes Sud éditions, 2015

Les disciplines telles que le yoga, le tai-chi, le reiki, la méditation (et tant d'autres) fonctionnent sur une base commune : vivre en harmonie avec l'énergie, avec son énergie propre.

Le « général cerveau » ou le « mental menteur » occupe une place importante dans nos vies au détriment du corps que nous devenons des handicapés, incapables d'établir une connexion fiable avec nos besoins vitaux. Par l'absence de pratique et d'enseignements, nous nous amputons de la puissance incroyable de nos ressources.

Nous ne savons plus entendre le corps qui veut dormir, arrêter de manger, sortir prendre l'air, bouger ou respirer !

Une des clés majeures de la thérapie du mieux-être consiste à reprendre contact avec soi, avec ses envies, ses intuitions. Avec ce qui fait vibrer, ce qui constitue l'essence, mais aussi les sens de la vie.

Le test de kinésiologie

Voici un petit exercice qui va vous permettre de toucher l'énergie du bout des doigts.

Il s'appelle le « test musculaire de kinésiologie[1]. » Il est utilisé en kinésiologie bien sûr, mais également par d'autres médecines alternatives ou de bien-être chaque fois qu'une réponse corporelle peut aider au bilan. Il permet aussi de savoir si un aliment vous convient ou non. Des recherches d'allergènes sont réalisées avec cette méthode.

Vous pouvez le pratiquer seul, mais dans l'idéal à deux, ainsi, vous éliminerez la part d'autosuggestion qui pourrait brouiller les résultats des personnes débutantes.

Si vous êtes deux : tendez un bras à l'horizontale devant vous et demandez à votre partenaire d'appuyer de tout son poids sur ce bras pendant que vous opposerez la résistance la plus forte possible. Avec des corpulences sensiblement identiques, vous devriez trouver un équilibre.

Refaites l'exercice en posant votre main sur une box internet émettant en wifi. Vous vous apercevrez vite que vous ne réus-

---

[1] *Pour moi le livre référence sur le test musculaire est celui de John Thie « La santé par le toucher » édition Trédaniel 2016*

sissez plus à résister avec la même force ! Le muscle peut s'affaiblir totalement !

Il n'existe pas d'explication officielle à ce phénomène.

Par ailleurs, la géobiologie* donne à voir des résultats similaires lorsque vous vous trouvez sur des points d'intersection du courant tellurique* ou au-dessus de failles souterraines.

Si vous êtes seul, joignez en deux boucles imbriquées le pouce et l'index de chaque main et tentez de les écarter l'un de l'autre. Ils doivent tenir.

Puis recommencez en vous approchant au plus près de la box.

Cet exercice permet d'appréhender une manifestation possible de l'invisible.

L'exemple d'Anita Moorjani[1]

Voici un autre exemple concernant l'invisible : celui d'Anita Moorjani. La quatrième de couverture de son livre dit ceci :

« En 2002, Anita Moorjani apprend qu'elle a un cancer lymphatique. Durant quatre ans elle va se battre, mais le cancer finit par gagner du terrain et se généraliser. Alors que les médecins ne lui donnent plus que quelques heures à vivre, elle sombre dans le coma. Entre la vie et la mort, elle vit une expérience magnifique : hors de son corps, elle atteint une clarté et une sagesse qu'elle n'avait jamais connue sur Terre. Dans cet état, elle découvre la cause réelle de sa maladie et les défis psycho-spirituels auxquels chaque humain est confronté : s'aimer, transcender ses peurs, conquérir sa liberté intérieure. Revenue à la vie, son état s'améliore peu à peu, et Anita entre en rémission totale à la plus grande stupéfaction de ses médecins. »

Je vous recommande chaudement la lecture de ce livre. Pour moi, ce témoignage montre la puissance sans limites de l'énergie qui nous entoure et plus encore de celle dont nous disposons.

---

[1] « Revenue guérie de l'au-delà », Anita Moorjani Edition J'ai Lu (2015)

Anita Moorjani n'est pas une privilégiée choisie pour démontrer que l'invisible existe et que nous devons croire en Dieu ou en une force supérieure.

Je pense au contraire qu'elle atteste de la bonté disponible en chacun de nous dès lors que notre volonté de pleine conscience est reliée à tout mot reflétant notre croyance : énergie, invisible, Dieu, etc.

Vouloir être, et ne jamais cesser de le faire

Partons de l'hypothèse que vous acceptez l'idée de cette énergie qui peut provoquer les phénomènes dont nous venons de parler.

Maintenant, quel chemin prendre avec ce point de vue ? En admettant que ces thèses se révèlent justes, quels liens avec le Mieux-être et l'envie de nous connaître mieux ?

Avoir conscience que les choses existent est une première étape. Le mode d'emploi est rarement écrit dans un langage compréhensible.

Entre la théorie de flottaison du corps humain dans l'eau et la première immersion dans le grand bassin, deux mondes opposent tous les apprentis nageurs !

Savoir qu'un cancer en phase terminale peut disparaître spontanément ne semble pas (pour le moment) faire baisser les statistiques de mortalité de la maladie.

Alors que manque-t-il ? Comment adopter ces recettes de l'amélioration de l'existence ? Comment passer de la conscience à la réalisation pratique ?

Pour ce faire, nous pouvons embrasser le lien qui nous relie à l'univers, mais surtout nous devons dédramatiser l'ampleur de la démarche.

Le miracle intervient lorsque l'envie et le geste s'harmonisent pour donner naissance à l'évidence, à la pureté, à l'excellence, à la plénitude.

Tous les gestes d'artistes, de musiciens, d'artisans d'art émerveillent notre regard. Ils impriment la somme d'une envie forte et d'un apprentissage répété et affiné pendant plusieurs années.

Vouloir être, et ne jamais cesser de le faire.

Le bisou qui guérit

Pour illustrer le fait que l'énergie invisible existe et que nous l'avons toujours su, nous allons évoquer LE remède des remèdes. Celui qui a la capacité de soigner les petits en moins de temps, parfois, que la durée du geste lui-même. Je veux bien sûr parler du bisou qui guérit !
Je vous vois sourire.
Doutez-vous de sa capacité à faire disparaître les larmes et les bleus d'un enfant ?
Pas moi.
Quels sont les ingrédients ? Une grosse dose d'attention, d'écoute et d'amour ainsi qu'un zeste de souffle et de bisou qui emporte loin la douleur !

Comment oublier la douceur de ces instants de nos vies ? Nous nous sentions en totale sécurité, aimé, tout simplement.
J'entends d'ici les voix qui disent que « faire un bisou sur le genou d'un petit qui tombe est aux antipodes de la médecine. Restons sérieux ! »
Je pense que l'amour est le plus puissant des remèdes, l'ancêtre de tous les placebos.
À quand une étude rationnelle et indépendante sur le sujet ?
En attendant, j'ai envie de me poser ces questions : est-ce le baiser qui soulage le bleu au genou de l'enfant qui chute ? Est-ce que ce bleu guérira de la même manière si je le laisse pleurer sans soin ?
Pourquoi passer de l'illustration de l'énergie invisible à l'effet placebo ? Pourquoi ce lien ?
Demandons-nous ceci : où puise le thérapeute, le parent ou l'ami quand il soulage nos maux ? Pour une part importante, il rebranche simplement les canaux de l'attention, de l'écoute et de l'amour que nous avons pour nous-mêmes.

La peur d'en parler

Pourquoi l'invisible et ses thèmes connexes sont-ils exclus des sujets de nos conversations du dimanche, en famille ou même entre amis ?

Pour essayer de comprendre, je vous propose d'identifier les protagonistes de notre question.

Il y a d'abord ceux qui pensent que l'invisible existe, et ceux qui pensent le contraire. Je serais tenté de créer une troisième catégorie au centre (pour les Normands de l'énergie) : les indécis. Je m'explique.

Commençons par les sceptiques. Ils se divisent en deux sous-groupes : ceux qui ne s'intéressent pas au sujet (et qui du coup restent silencieux et indifférents) et ceux qui, au contraire, sont virulents, et profitent de chaque occasion pour dire tout le mal qu'ils pensent de cette affaire. Leurs argumentaires sont affûtés et s'appuient sur cette sacro-sainte réalité scientifique. Point de salut sans preuve vérifiable !

Les dérapages sectaires, même s'ils sont éloignés du fond, seront systématiquement mis en avant et présentés comme des cas généraux. Pour ces incrédules « croire ces théories est dangereux pour la santé ! »

En face, les convaincus se divisent eux aussi en deux catégories : ceux qui croient à l'invisible, mais qui restent dans leur coin, sans échanger sur le sujet (ou alors en terrain sécurisé avec des personnes qui pensent comme eux), et les autres, présents dans les débats, qui osent affirmer sans crainte leurs convictions.

Ceux-là assument la marge dans laquelle ils se trouvent, malgré le courage extraordinaire nécessaire pour énoncer et tenir cette position (qui les transforme vite en cible privilégiée des valeureux pourfendeurs de la vérité scientifique !)

Il existe également ceux qui ont expérimenté l'invisible, d'une façon ou d'une autre, et qui s'interrogent sur ce qu'ils doivent faire de leur expérience : partager ou garder enfoui ?

Mais j'ai la sensation que cette réalité binaire commence naturellement à s'étioler et que la catégorie du consensus prend de plus en plus de place. Bien sûr, la façon dont sont traités dans les médias classiques, les sujets liés à l'énergie, à l'invisible ou au paranormal font beaucoup plus de mal que de bien. Mais heureusement, l'offre d'informations alternatives sérieuses grandit et enrichit le débat. La masse silencieuse des « pour » rejoint le centre et s'exprime plus facilement. Et celle des « contre » discrets s'interroge et revoit lentement sa position.

L'information des rêves

Nous allons voir en détail, dans le chapitre huit sur les rêves, l'ensemble de ce qu'ils peuvent représenter et apporter à notre quotidien.

Je voudrais cependant évoquer rapidement ici le lien entre les rêves et l'énergie de l'invisible.

Malgré de nombreuses pistes, aucune théorie ne permet de fournir à ce jour des réponses dans l'explication de l'utilité des songes !

Les progrès sur l'analyse du sommeil, sa nécessité vitale ou encore ses différentes phases n'offrent aucune clé de compréhension scientifique sur le rêve en lui-même.

Il m'est impossible de croire que les rêves sont uniquement « les gardiens du sommeil »[1].

Mon expérience professionnelle comme personnelle montrent qu'ils distillent l'à-propos et l'opportun !

D'une certaine façon, les rêves s'affranchissent du rapport au temps linéaire. Lorsque nous rêvons, nous pouvons nous situer à différents endroits sur la ligne de l'écoulement des jours, retourner en arrière ou faire des bonds fabuleux en avant. Nous pouvons également vivre dans plusieurs présents à la fois.

Le rêve nous débranche de l'égrenage rythmé du temps qui coule sur notre corps. Il mélange sans distinction l'histoire de notre vie réelle, notre passé conscient et inconscient ainsi que notre futur proche et lointain.

Dans l'hypothèse où les rêves et les énergies invisibles seraient intimement liés, cela suppose que notre rapport au temps nous limite et qu'il nous empêche d'ouvrir le champ des possibles.

Les rêves ouvrent une porte d'accès aux autres dimensions. Et je redis ici l'importance de prendre nos rêves au sérieux et de cesser de croire qu'ils sont dépourvus de sens ou idiots !

À mon sens, nos rêves devraient être considérés comme le média, la source d'information les plus fiables nous concernant.

---

[1] *Sigmund Freud, dans son « Introduction à la psychanalyse » 1916-17*

Le flux de l'énergie

L'invisible et l'énergie sont souvent présentés comme une matière que nous pouvons recevoir, ou éventuellement subir. Une source à sens unique, un fleuve dans lequel nous venons puiser notre ration quotidienne. Nous pouvons utiliser le terme « d'éther »…

Je m'interroge sur le « sens unique » de circulation du fluide.

Sommes-nous seulement des clients, des « consommateurs » inactifs de cette énergie ?

Est-il envisageable de croire que chacun puisse au contraire contribuer à sa diffusion, voire à sa production ?

Les liens qui nous rassemblent tissent une toile immense. Par exemple, l'énergie d'une bonne nouvelle sera répandue autour de nos proches, même éloignés de centaines de kilomètres. Celle d'une mauvaise nouvelle, tout autant d'ailleurs. En mécanique quantique, ce phénomène s'appelle « l'intrication quantique ». Dès lors qu'un lien est établi entre deux photons*, si l'un est impacté, l'autre l'est également, quelle que soit sa distance…

Cela se confirme pour les personnes d'un même cercle, d'une même famille, d'une même tribu, d'une même religion, voire d'un même pays.

Paradoxalement, même si le lien et ses impacts existent, comment connaître la force d'attachement que nous tissons sur autrui ?

Mon métier me donne tous les jours, des exemples de marques indélébiles qu'une séance aura laissée chez mes patients.

Quand je demande ce qui leur a permis de gravir la marche, d'entreprendre le pas de plus, ils me citent souvent une courte phrase ou seulement un mot utilisé lors de nos échanges et qui les ont « percuté ! »

« Vous devez être votre meilleure amie »

« Vous pourrez traverser toute votre vie comme un fantôme, mais ce n'est pas lui qui prendra la décision de vous faire aller mieux ! »

Ces phrases ne sont pas dites au hasard, elles font bien sûr partie de tout le contexte de la consultation.

Ce qu'il faut retenir c'est que ces phrases contribuent au flux, à la circulation de l'énergie. Elles restent gravées et elles confortent le lien invisible que nous avons créé dans la toile de l'univers.

L'origine de cette force vitale

Mais nous sommes loin encore d'avoir répondu à cette question simple : d'où provient l'énergie ?

Cela fait des siècles que, les philosophes, les physiciens, les astronomes, les religieux, que nous les hommes nous nous interrogeons de manière plus au moins explicite derrière toutes les questions, dites « existentielles ».

C'est un peu ce qui se passe chaque jour dans mon cabinet. La seule et unique interrogation que les gens ont, c'est de connaitre qui ils sont. Nous avons rarement le courage de cette formulation directe, mais quelles significations se dissimulent dans les phrases suivantes : « Je voudrais retrouver confiance en moi », « je ne suis pas heureuse, mais j'ai peur du changement », « j'ai envie de me sentir à ma place », « mon corps m'empêche d'avancer » ou « je voudrais juste trouver le bonheur »…

Est-ce que la clé de notre vie se résume à trouver la réponse à ces deux questions ? : « qui suis-je ? » et « d'où vient l'énergie qui m'a créé ? »

Finalement est-ce que ces deux questions ne sont pas liées ?

La réponse à l'une apporte-t-elle la solution pour l'autre ?

Notre vision des choses changerait-elle avec un peu plus de hauteur ?

Au lieu de me demander qui je suis Moi, pourrais-je me demander qui sont les hommes ?

Comprendre que je participe comme tout un chacun à alimenter le flux de l'énergie me donne l'envie de le faire en conscience.

La complexité de la physique quantique tient pour partie de son domaine d'application difficilement quantifiable par un cerveau qui n'a pas l'habitude de se confronter avec l'infiniment petit et pour autre partie aux concepts non transposables directement dans notre quotidien.

La plupart de ces mécanismes ne fonctionnent pas (en tous les cas, ils ne sont pas aujourd'hui démontrés) dès que l'échelle dépasse le millimètre !

Le rapport de l'atome à l'homme est dans une échelle comparable à celui du rapport de l'homme à l'univers.

Dans ce cas puisque l'atome peut modifier le corps, pourquoi l'homme ne pourrait-il pas modifier l'univers ?

Deux exemples de liens incroyables !

Pour clore ce chapitre, j'ai envie d'évoquer deux exemples formidables qui vont illustrer les liens entre les mondes et les différentes dimensions.

Le premier parle de l'intelligence mycélienne émanant du mycélium d'un champignon appelé « Physarum Polycephalum ».

Cet organisme unicellulaire, sans cerveau et sans système nerveux, se développe à la vitesse de 1,35 cm par heure en réussissant à mémoriser et à anticiper les changements de son environnement.

Les travaux du biophysicien japonais Toshiyuki Nakagaki[1] sont remarquables et ouvrent en grand le champ des possibles.

Où ce champignon microscopique puise-t-il l'idée même de son cheminement, de sa prolifération ? D'où lui vient cette capacité à tisser des liens indispensables à sa survie ?

Le deuxième exemple évoque les arbres qui « parlent ». À ce sujet, les travaux de Suzanne Simard[2], professeur d'écologie forestière canadienne sont fascinants. Depuis trente ans, elle montre comment les arbres communiquent entre eux et comment les arbres plus anciens (qu'elle appelle les « arbres mères ») aident les plus jeunes. C'est juste incroyable !

J'avoue être totalement émerveillé par ces deux exemples. Et à travers eux, je suis surtout conforté dans l'idée qu'un organisme multicellulaire, doté d'un cerveau et d'un système nerveux comme c'est le cas pour l'être humain notamment, a très probablement la capacité d'exister au travers des liens avec l'énergie et avec l'invisible (que notre éducation contrainte depuis

---

[1] *http://ideas.ted.com/gifs-of-semi-intelligent-slime-mold-growing-like-crazy/*

[2] *https://www.ted.com/talks/suzanne_simard_how_trees_talk_to_each_other? language=fr*

deux mille ans nous empêche purement et simplement de pré-supposer la plupart du temps).

7 Ce qui fait le temps, le libre arbitre et l'abondance...

"Cherchons comme cherchent ceux qui doivent trouver et trouvons comme trouvent ceux qui doivent chercher encore. Car il est écrit : celui qui est arrivé au terme ne fait que commencer."

Saint-Augustin

La part de tarte

L'ancien accompagnateur en montagne que je suis ne peut s'empêcher de sourire à cet endroit et à ce moment du livre…

Depuis le commencement, c'est un peu comme si nous avions toujours monté. Oh ! Pas de manière abrupte, je déteste cela ! Mais par des chemins d'estives qui conduisent à la cabane, au chalet où le repos sera bienfaiteur.

Je me souviens des regards inquiets, lorsque depuis le fond d'une vallée vosgienne ou alsacienne, je disais : « ce soir, c'est là-haut que nous dormons ! »

Et chemin faisant, nous finissions toujours par rejoindre la ferme-auberge. La bouche en sourire, bleue de la tarte aux brimbelles[1], les confessions disaient souvent : « je ne pensais pas que ce serait "aussi facile !" »

La surprise arrivait plus généralement le dernier jour quand il fallait quitter les hautes chaumes et regagner une gare, mille mètres en contre bas.

La redescente s'avérait généralement plus difficile, même pour moi. Et les commentaires au moment des adieux étaient encore identiques : « je ne m'attendais pas à ce que cette journée soit si pénible ! »

De la montagne, on ne parle jamais des retours dans la vallée, des retours chez soi, vers soi…

Pourquoi mettre en lumière l'ascension et taire l'autre moitié, parfois bien plus longue ? À quoi bon s'élever dans ce cas ?

Après la montée vers la connaissance, vers la compréhension du fonctionnement, ce sera la descente vers soi, vers l'intérieur, vers le centre, vers le Mieux-être.

Mais pour le moment, reprenons une part de tarte aux brimbelles.

---

[1] *Nom donné aux myrtilles dans le massif des Vosges.*

Marquer le temps...

En général, après l'ascension, nous aimons nous photographier sur le sommet, avec le panneau indicateur, la vieille croix en bois, le tas de pierres en arrière-plan. Clic-clac, voici le temps figé pour l'éternité ! Et sur ce même tirage sera ajoutée la date au crayon pour ne pas l'oublier.

Marquer le temps... en tout cas, croire que de cette manière, ce souvenir heureux nous redonnera des forces à chaque fois que son image nous sera représentée.

Marquer le temps... de la somme des points culminants où nous nous sommes immortalisés, pour pouvoir dire des mois et encore des années plus tard : « j'ai fait le Storkenkopf[1] en mai 1997 ».

Cette expression « j'ai fait » se décline pour d'autres activités : « j'ai fait le Ventoux » (à vélo), « j'ai fait la Laponie » (en ski de fond), « j'ai fait New York » (le marathon)... Ce langage nous l'employons aussi quand nous parlons des régions ou des pays où nous sommes allés en vacances.

Cette notion de « faire » nous laisse la sensation d'avoir rempli nos vies, d'avoir correctement occupé notre temps !

Marquer le temps... pour essayer de résorber la distorsion se situant entre la réalité des secondes qui s'égrainent les unes après les autres et notre perception relative de la durée des choses. Le temps passe-t-il plus vite lorsque nous sommes heureux ?

Est-ce le temps qui glisse sur nous, ou nous qui nous déplaçons sur l'axe du temps ?

Etienne Klein[2] aime à rappeler que « définir le temps est impossible sans présupposer que le temps existe. Il ajoute que définir c'est rapporter un concept à un autre concept plus fondamental.

---

[1] *Deuxième plus haut sommet du massif vosgien (1366 m), pourtant totalement inconnu. Il se situe à l'ouest du Grand Ballon (1424 m).*

[2] *Étienne Klein est un philosophe des sciences français. Ancien élève de l'École centrale de Paris et titulaire d'un DEA de physique théorique, il mène une intense carrière de vulgarisation autour des sujets abordés notamment par la physique quantique et dirige le « Laboratoire de recherche sur les sciences de la matière » du Commissariat à l'énergie atomique (CEA) à Saclay. Il est l'auteur de plus d'une trentaine de livres.*

Or, il n'existe pas de concept plus fondamental que le mot temps… »

Dès que nous voulons réfléchir à un concept, quel qu'il soit, nous utilisons des connaissances qui nous permettent d'échafauder des théories. Par exemple pour pouvoir évoquer le parcours d'une randonnée sur une carte, il nous faut des notions de mathématiques (distance, échelle), de géographie (orientation du nord), de français (légende, noms), etc…

Pour appréhender le temps, il n'y a rien d'autre à connaître avant. Nous pouvons donc parler de « notion fondamentale ». Ainsi, s'attaquer à l'explication du temps devient très difficile pour le cerveau qui ne sait pas sur quoi étayer ses hypothèses…

Le temps existe, mais n'existe pas !

Parler du temps, de la difficulté à le définir, en raison de la polysémie de ce mot, renvoie à tant de domaines différents que son emploi devient risqué, confus ou même totalement contraire au sens que l'on veut lui donner.

Alors pourquoi est-ce que je m'échine à rédiger ces quelques lignes ? Qu'est-ce que le temps vient faire dans la thérapie du Mieux-être ?

Et bien rien ! Puisque le temps n'existe pas !

Entendons-nous clairement : par ces mots je veux dire avec l'aide des propos d'Einstein que « la séparation entre passé, présent et futur est une illusion. »

Imaginons que le temps corresponde au sentier qui mène au Storkenkopf. Lorsque j'emprunte ce chemin, il ne se fabrique pas juste devant moi et ne disparaît pas davantage après mon passage… Le sentier existe indépendamment de moi. Il en va de même pour le temps.

Il devient une constante, tout comme l'océan l'est pour un poisson.

Donc pour vous dire que le temps n'existe pas, je suis en train de vous expliquer qu'il est toujours là… et donc qu'il existe !

Oui, il existe, mais il ne s'écoule pas. Le sentier ne comporte pas d'avant, d'ici ou d'après. Le chemin ne se déplace pas sur le chemin. Il sera là, que vous l'empruntiez une fois, mille fois ou jamais.

Ce sera vous et uniquement vous qui en suivant le sentier laisserez votre empreinte, votre durée de parcours sur celui-ci.

De ce fait, votre temps sur le chemin dépend véritablement et exclusivement de vous !

Je sais la difficulté à faire sien ce grand écart que le cerveau tient pour acquis… Sortir du déterminisme est tout aussi ardu à expliquer qu'à réaliser.

Une question d'échelle

Cette difficulté d'appréhender le temps comme une matière fixe découle très certainement de l'obsolescence[1] programmée de nos corps.

Nous prenons conscience assez rapidement dans notre enfance qu'il y aura une fin et que, inévitablement nous nous en approchons… Notre corps et notre cerveau, depuis les premières secondes de la fécondation, déroulent le plan inscrit dans l'ADN. « Je me construis. Je viens au monde. Je grandis. Je perpétue. Je vieillis. Je meurs. »

La transformation d'un état à un autre sur une durée deviendra notre référentiel, notre unité pour nous situer dans l'espace-temps. L'échelle du temps pour l'homme correspond à la durée de sa vie.

Dans les faits, c'est le cas, puisque nous avons édifié notre perception du monde et de l'univers par rapport à nous.

Nous nous imaginons comme le point de départ, le centre. Sans doute est-ce un prolongement naturel de ce que nous avons vu à propos de l'environnement ? Notre besoin de toujours nous croire supérieurs aux autres espèces vivantes provient sûrement de la part croissante de la compétition valorisée dans les apprentissages.

L'homme se considère ainsi comme l'étalon*, l'unité de base.

Par confort et pour faciliter ses échanges, il a divisé cette unité, de différentes manières, suivant les cultures et les époques… sans remettre en cause sa position, bien évidemment !

En conséquence aujourd'hui, nous sommes enclins à de très fortes difficultés dès qu'il s'agit de sortir de notre échelle du

---

[1] *Vieillissement d'un matériel ou d'un équipement.*

temps. Nous avons de la peine à conceptualiser l'infiniment grand, à nous représenter l'espace, les durées. Cela n'a aucun sens...

Si nous rapportons l'âge de l'univers à la hauteur de la tour Eiffel, l'apparition de la civilisation humaine[1] équivaut à 0,14 millimètre !

À l'inverse, la physique quantique nous conduit vers l'infiniment petit dans les mêmes proportions.

Du point de vue de la conscience

Que penser devant autant d'immensité ? Lâcher les repères s'avère impossible pour la plupart d'entre nous. Ce qui semble normal.

Imaginer que l'on puisse sortir du corps et de son uniformité ne font partie d'aucun programme d'enseignements de base. Je déplore ici, évidemment tous les endoctrinements, tout ce qui au lieu d'ouvrir l'esprit, l'enferme et le cantonne dans un cadre.

Cette représentation de ce qui nous entoure par rapport à l'étalon humain*, à cette unité nous conduit peut-être vers une impasse de compréhension.

En y regardant de plus près, le « nous » de cette unité correspond au corps et au cerveau corrélés à leur durée de fonctionnement. Comment se dégager du dictat du temps dans ces conditions ? C'est mission presque impossible...

Va pour le corps. Mais alors comment envisager le « nous » de la conscience ?

Aujourd'hui, même si nous ne savons pas de façon précise où se trouve notre conscience, la majorité des scientifiques s'accorde pour dire qu'elle ne se trouve pas dans le corps ni dans le cerveau !... Donc, il n'est sûrement pas insensé de penser que cette conscience ne subit pas les mêmes influences de permanence dans l'espace-temps que notre corps propre.

Il est probable que notre conscience survive à son enveloppe et du coup, la notion fondamentale du temps et de son déroule-

---

[1] *Les premières villes, mais aussi l'écriture, l'agriculture intensive grâce à l'irrigation, les administrations, l'argent, le commerce, tout cela a été créé il y a -5300 ans par les Sumériens, qui vivaient dans la vallée de Sumer, qui est aujourd'hui le sud de l'actuel Irak.*

ment linéaire perd une part très importante de sa logique, voire de son existence…

Notre corps et notre conscience divergent d'unité de temps et d'échelle.

En reprenant la métaphore du sentier, la conscience n'est pas le promeneur sur le chemin, mais le chemin lui-même. Et par voie de conséquence, le temps devient le grand tout qui entoure tous les sentiers, ou alors le vide, l'éther…

Le vide

Je n'ai de cesse de me retourner et de compter et recompter si je n'ai perdu personne ! C'est sans doute là un fonctionnement entretenu lorsque j'étais accompagnateur en montagne, mais qui tient encore toute sa place dans ma profession actuelle.

Accompagner revêt pour moi un sens particulier, bien davantage que guider…

La relativité du temps et de l'espace est un sujet délaissé et très mal cartographiée. Nous pourrions croire qu'il est facile de nous y égarer. Je pense au contraire que nous nous perdons davantage en suivant les indications des autres.

Personne ne peut trouver votre chemin mieux que vous-même.

Puisqu'il s'avère que notre univers, notre monde et nous-mêmes sommes constitués à plus de 99 % de vide, il est tout de même sidérant de continuer à baser la plupart des fondements physiques, biologiques, chimiques, mathématiques, etc., sans en tenir compte !

Il n'est même pas primordial de conceptualiser l'idée du vide autour de vous. Mais ce qui est essentiel, c'est de ne laisser personne vous dicter ce que vous devez penser.

Pour terminer sur l'immensité du vide, j'aime à dire que si nous découpons notre cerveau en rondelles ou en tranches, nous ne détecterons pas le contenu de nos connaissances, nous ne reverrons pas l'album photos des visages que nous connaissons, ni même nos photos de vacances, pas plus que de listes de mots ou de dates d'histoires. Rien, Nada.

Le cerveau semble donner accès, mais le rangement se fait ailleurs. Il n'y a rien et pourtant tout est là…

Pour ceux qui voudraient en savoir plus, j'invite à la lecture de ces deux auteurs : Ervin Laszlo[1] et Trinh Xuan Thuan[2].

Trois questions en une !

Après « est-ce que le temps existe ? », « Qu'y a-t-il dans le vide ? », la question qui se pose est « d'où vient la vie ? »
Pour le moment, ma réponse frise l'irrévérence : on s'en moque ! Pas de manière intrinsèque, mais pour la bonne compréhension de ce livre et le bon fonctionnement de la thérapie du Mieux-être !
Ne pas savoir d'où vient la vie ne doit pas vous faire renoncer à chercher un sens à votre vie.
Ne laissez pas à votre mental cette excuse simplissime : « puisqu'on ne sait rien de l'origine de la vie, pourquoi cherche-rais-je à comprendre comment je fonctionne ? »
Comme pour le vide : ayez confiance et nourrissez votre curiosité !
Enfin, ne cessez jamais de douter et ne tenez rien pour acquis. Même s'il vous semble que vous détenez la clé. Surtout si vous pensez obtenir la clé... Ici, plus qu'ailleurs suivez les mots de Saint Augustin[3].

Nous parlons beaucoup d'échelle dans ces dernières pages alors je vais remettre le curseur sur vous. D'où vient votre vie ? De la rencontre d'un spermatozoïde et d'un ovule. Difficile de dire si votre conscience provient de cette rencontre, mais continuons de dire que ce n'est pas le sujet...
Puisque la vie jaillit et que vous en avez conscience, prenez-en les rênes et guidez chacun de vos pas.
Vous pensez régulièrement, en contemplant la nature ou ce qu'il en reste, que la vie est magique. Alors, ne manquez jamais les instants où vous pouvez ajouter de la magie à votre vie. Ce sera une piste pour en remonter le cours...

---

[1] *« Science et champ akashique » édition Ariane 2005*

[2] *« La plénitude du vide » édition Albin Michel 2016*

[3] "Cherchons comme cherchent ceux qui doivent trouver et trouvons comme trouvent ceux qui doivent chercher encore. Car il est écrit : celui qui est arrivé au terme ne fait que commencer."

Le libre arbitre

Fatalistes, déterministes, indéterministes appartiennent à des courants qui espèrent éclairer et donner une orientation au libre arbitre. Saint Augustin fut le premier à le discuter et sous-entendre qu'il était synonyme de mal agir et de pécher !
Aujourd'hui, des mathématiciens ont réalisé un théorème du libre arbitre... Je ne veux pas démêler cette masse d'informations et batailler sur tel ou tel détail... mais je souhaite parler du libre arbitre, de celui que je vois dans mon cabinet.

Dans le chapitre sur l'environnement, j'ai dessiné ce cercle et ce point en son centre, quelques fois remplacé par le mot « moi ». Je pense qu'au centre du centre, dans le cœur du « moi », réside la représentation du libre arbitre.
Je n'ai de cesse de répéter que nous sommes responsables de nos vies !
C'est même une des premières phrases que je prononce à un nouveau patient après l'anamnèse. Les réactions font le grand écart, allant du regard qui se fige en installant murs, barricades et barbelés de protection jusqu'au sourire de compassion et de bienveillance du patient qui a déjà largement cheminé vers son Mieux-être.
Je ne lance pas cette phrase par hasard ni même pour sonder les réparties. Je la dis parce qu'elle est l'article premier de ma constitution. De votre constitution. C'est en tous les cas ma conviction profonde.

Vous avez la possibilité de vous asseoir aux commandes et de manœuvrer l'ensemble de vos choix, y compris ceux que vous laissez pour le moment entre les mains du pilote automatique !
Dans le processus de thérapie, RIEN ne se passe sans votre prise de décision. Sans action il n'y a pas de thérapie. Je suis même persuadé que c'est grâce à la reprise en main des commandes que le changement s'installe naturellement et harmonieusement.
Après tout que seraient le temps, le vide, la vie sans votre libre arbitre... ?

Deux exemples de déterminisme et de fatalisme

L'envie est forte d'entrer un peu plus en profondeur... Il y a quelque temps, un patient me téléphone pour prendre un premier rendez-vous. Je sens de l'inquiétude dans sa voix et ses questions tournent autour du mot manipulation, sans jamais le prononcer.

Il me parle d'un rendez-vous avec un thérapeute qui s'est mal passé : « vous comprenez, je ne voudrais pas que vous me fassiez ce que je ne veux pas... »

Cet exemple reflète une pensée communément admise qui soutient que l'acte de chercher de l'aide, de trouver du soin et du réconfort signifie : « je m'en remets à toi ». Et même « Je te laisse les pleins pouvoirs sur mes actes... »

En séance, la sincérité, l'étonnement et l'interrogation avec lesquels me répondent parfois mes patients me montrent que cette idée de libre arbitre, de libre choix est installée au fond d'une dimension inaccessible !

J'ai le souvenir d'une femme d'une cinquantaine d'années (qui en paraissait dix de plus), totalement épuisée, car elle donnait tout son temps et toute son énergie pour les autres.

« Vous pourriez dire à votre mari que ce soir vous aimeriez juste pouvoir ne rien faire...

- Vous n'y pensez pas, me coupa-t-elle, je ne peux pas lui dire une chose pareille !

- Votre mari pourrait être violent ?

– Pas du tout, non.

- Comment voulez-vous vous reposer si vous ne levez pas le pied ?

- Je pensais qu'avec vos techniques, vous pourriez me détendre et effacer ma fatigue...

- Je ne peux rien que vous ne vouliez vous-même.

– ... »

Je suis tenté de considérer que je n'ai pas su trouver les mots pour bousculer son fatalisme ou son déterminisme. Mais après tout pourquoi devrais-je croire qu'elle aurait raison ou tort de s'épuiser de la sorte ?

Cette femme n'était ni limitée psychologiquement ni sourde. Elle avait entendu mes mots et avait décidé sans contrainte extérieure de me répondre qu'elle ne pouvait pas...

C'est bien évidemment son libre arbitre et chacun doit le respecter.

Le chèque d'abondance

Le sujet que j'aimerais aborder avant d'envisager la redescente vers soi concerne la « loi d'attraction » ou « loi d'abondance » qui est pour moi intimement lié à la notion de temps et du libre arbitre. Il est parfait pour clore ce chapitre sept...

La première fois que j'ai entendu parler de cette loi d'attraction, c'était lors de ma formation de kinésiologue à Paris. Une des étudiantes nous avait donné la recette du chèque d'abondance qu'il fallait rédiger vingt-quatre heures après la nouvelle lune, à l'ordre de l'univers en demandant « l'abondance positive en tout ».

J'ai libellé mon chèque en suivant à la lettre le protocole et je l'ai oublié plusieurs années dans mon porte-feuille.

Je le présente aujourd'hui comme un exemple de ce qui ne fonctionne pas dans cette loi. Non pas parce que je ne crois pas à la réalité de cette loi, mais parce que mon attitude passive avec ce chèque illustre parfaitement les freins et les erreurs qui nous éloignent de celle-ci.

Cela fait une dizaine d'années que cette loi de l'attraction s'est répandue comme une traînée de poudre, suite à la sortie du livre et du film de l'Australienne Rhonda Byrne, *The Secret*. Pourtant d'autres avant elle avaient déjà écrit sur le sujet. Wallace D.Wattles a écrit en 1910 *The Science of Getting Rich* (la science de l'enrichissement). Napoleon Hill a écrit en 1937 *Think and Grow Rich* (pense et deviens riche). Et plus tard encore Jerry et Esther Hicks diffusèrent à partir de 1986 un enseignement spirituel largement reproduit de tous ces auteurs. Rhonda Byrne indique elle-même s'être inspirée des Hicks.

L'ensemble des lecteurs de tous ces livres avoisine la centaine de millions de par le monde. Sont-ils tous devenus riches ? Non. Tout simplement parce que cette loi est autre chose qu'un gagne-pain. Malgré le boom de ces dix dernières années répétant le contraire...

Ma rencontre avec cette loi

Lors de mes premières années d'exercice en cabinet, j'ai oublié cette fameuse loi d'attraction, telle qu'elle m'avait été présentée durant ma formation, en tous les cas.

Et puis un jour, je me suis rendu compte que je parlais de ce principe d'abondance très régulièrement en séance.

J'ai le souvenir d'une patiente qui collectionnait les déceptions amoureuses. Tous ses compagnons successifs avaient le même comportement avec elle parce que depuis son enfance, son environnement l'avait façonné à accepter sans sourciller qu'elle s'efface au profit des autres, de ses parents, de sa famille et aujourd'hui de ses compagnons. Elle espérait que cette situation change, mais au fond elle continuait parallèlement à penser que les hommes pouvaient et devaient agir de la sorte.

Je me rappelle lui avoir dit :

« vous attirez exactement tout ce que vous désirez ! L'énergie de ce que vous êtes donne le message autour de vous "je suis une gentille fille qui se laisse marcher dessus, qui s'écrase et tolère l'intolérable !" Vous envoyez ce message de manière inconsciente à votre entourage et votre entourage exécute avec précision votre demande ! »

J'aurais très certainement pu remplacer « votre entourage » par l'univers, l'invisible ou le vide, cela n'aurait rien changé à mon propos.

J'ai pris conscience ce jour-là que j'utilisais très souvent la phrase : « l'énergie de ce que vous êtes envoie le message que... ». Plus tard encore, j'ai compris qu'il y avait peut-être un lien entre « vous êtes responsable de ce que vous êtes ! » et « j'attire ce que j'appelle ».

Je parlais d'attraction et d'abondance sans le savoir...

Aujourd'hui, cette femme va mieux parce qu'elle a identifié ce qu'une relation doit ou ne doit pas lui apporter et qu'elle a appris à mettre des limites dans son rapport à l'autre. En conséquence, elle n'attire plus les mêmes hommes autour d'elle. L'énergie de son message a changé et l'univers a reçu les modifications.

Des ingrédients d'abondance ?

Je pense que la loi d'abondance devrait désigner autre chose qu'une recette magique écrite sur un chèque pour devenir riche. Je trouve également dommage cette vision unique qui discrédite la puissance cachée dans cette loi…

Aussi je vais vous apporter des éléments, que je mets en relation directe avec l'abondance. Bien sûr, ces liens ne sont pas scientifiquement avérés, mais vous pourrez vous fier à votre libre arbitre…

Voici une liste à prendre en considération :

– Les pensées émettent des ondes mesurables avec de plus en plus de précision grâce à l'électro-encéphalogramme, et maintenant la magnéto-encéphalographie. La « MEG » est une technique de mesure des champs magnétiques induits par l'activité électrique des neurones du cerveau. Ce qui sous-entend que les pensées laissent une trace quantifiable quelque part dans le vide.

– Chaque pensée émet une onde propre. Les interfaces cerveau-machine, qui permettent de faire fonctionner un membre artificiel (bras, jambe, main), appliquent ce principe de manière directe. J'imagine être en train de faire… Et le logiciel transforme les ondes de cette ou ces pensées complexes en ordre donné à la machine. Ce qui semble vouloir dire que la pensée fabrique…

– Les bases de la physique quantique nous disent que la matière est en même temps une onde, cela s'appelle la dualité. Si je pense à la chaleur d'un rayon de soleil, j'utilise les mêmes circuits neuronaux que si je reçois en vrai ce rayon de soleil. Ainsi rien ne devrait m'empêcher de me réchauffer uniquement avec la pensée !

– La physique quantique nous dit également qu'avant de décider d'observer un atome, ou une particule, ceux-ci « existent » dans différents endroits concomitamment, ce qui s'appelle « l'état superposé ». L'observation déclenche une solution de position parmi une infinité d'autres. C'est donc l'observateur qui crée sa réalité à l'instant présent. Je vous donne un exemple : deux personnes se font face et regardent par terre un chiffre. Pour l'une c'est un 6 pour l'autre c'est un 9. Et pourtant, elles ont raison toutes les deux !

– Deux objets quantiques qui ont été en contact (matière et onde) gardent un lien continu de ce contact, quelle que soit la distance d'éloignement qu'ils peuvent subir. Si une interaction agit sur l'un, l'autre réagit pareillement. C'est ce qu'on appelle « l'intrication quantique ». Cela ressemble à la définition du pressentiment.

– Les biais de cognitions existent et influencent notre raisonnement. Le biais de confirmation, donc le cerveau, pourra nous faire croire ou ne pas croire ce qu'il veut !

Cette liste arrivera-t-elle à vous interpeller ?
J'aimerais surtout qu'elle reflète une globalité, et non un amoncellement disparate.

En route vers la globalité

Rien ne peut s'éclaircir sans cette capacité à relier les choses entre elles.
Le temps, le vide, le libre arbitre, l'abondance offrent plusieurs façons liées de voir le monde, l'univers.
Vous êtes unique et pour ce faire vous devez regarder de manière globale !
Cette unicité qui vous caractérise et qui s'oppose à l'uniformité dans laquelle vous ne devez pas tomber semble être un concept abstrait !
Avant de reprendre notre route, j'ai envie de vous dire l'importance de cette globalité, l'importance de repartir avec toutes les clés.
Dans l'univers tout paraît fonctionner indépendamment parce que le regard pointu que nous portons sur les évènements pour les comprendre nous fait oublier de prendre du recul.
Nous perdons le sens parce que nous divisons toujours davantage l'objet de nos recherches.

Mais si vous vous raccordez pleinement, entièrement à l'environnement qui vous entoure, si vous décidez que le cercle n'est plus figé et que son diamètre peut tendre vers une expansion sans limites, alors vous deviendrez l'abondance. Parce que la loi d'abondance est vaine en soi !

Plus votre attention sur vous-même deviendra globale, entière, plus vous activerez de liens, plus vous rejoindrez ce qui vous fait être et vibrer et plus vous rejoindrez facilement la vallée...

8 L'écoute des synchronicités et des rêves

« Nous sommes le rêve d'un dormeur qui dort si profondément qu'il ne sait pas qu'il nous rêve. »

Jean Cocteau

Le déclencheur

À quel moment prend-on son téléphone pour obtenir un rendez-vous chez un thérapeute ? Pourquoi achète-t-on un livre de développement personnel en particulier, en pensant qu'il peut nous faire du bien ? Quelles sont les motivations qui poussent à réaliser ce geste ?

Je me demande toujours comment font les hommes et les femmes qui franchissent ma porte, pour mettre en fonctionnement leur processus de décision.

Il doit se produire un mécanisme qui appuie sur le bouton « ON », qui dit : « fais-le ».

Si je regarde ma propre vie et tout le chemin qu'il a fallu que je parcoure avant de trouver le bouton « ON », je sais que les choses ne vont pas forcément de soi, que la vie ne coule pas toujours de manière limpide. Et ce, uniquement parce que nous sommes responsables des barrages et blocages que notre mental menteur prend plaisir à construire devant nous.

Certains pourront mettre des années entre l'idée et le premier geste concret. Aucune importance.

Le rythme de chacun est unique. Quelle différence si vous mettez dix ans, vingt ans, trente ans ou davantage encore à vous décider ?

La route s'avère plus longue et difficile pour certaines personnes que pour d'autres. Nous ne sommes pas égaux face à cette recherche, face à cette conscience de recherche. Mille bonnes excuses vous sont offertes tous les jours pour vous convaincre que vous n'avez pas, et c'est bien dommage, absolument pas ce qu'il faut pour chercher au bon endroit…

Les choses peuvent en rester là jusqu'aux dernières heures de la vie, confirmant ainsi qu'il est bien trop tard pour trouver ce que vous cherchiez…

Des générations avant vous ont traversé leurs vies de cette manière.

Entendre !

Le terme « Thérapie du Mieux-être » est venu à moi un peu avant la fin de ma formation de kinésiologue.
Je n'ai pas d'explication plus juste. Je ne vais pas embellir ou inventer quoi que ce soit. J'ai trouvé que ces mots sonnaient bien. J'ai immédiatement décidé que j'utiliserai ce terme pour définir ma nouvelle profession.
Je devais agir ainsi. J'en avais l'intuition et j'avais la conviction que les réponses allaient suivre d'elles-mêmes.

Quelques mois après, j'ai ouvert mon cabinet au cœur de Nancy et créé un site internet. J'ai distribué des dépliants et la pompe s'est amorcée. Le bouche-à-oreille a fonctionné et l'agenda a commencé à se remplir.
L'exercice de ma pratique s'est modifié lentement. J'ai pris de l'assurance et je me suis défait des béquilles liées aux peurs, aux doutes, à la légitimité.
Les résultats obtenus m'ont encouragé à suivre cette voie.
J'ai continué à me former et j'ai poursuivi également mon propre travail, mon cheminement intérieur. (Les mots que j'adresse à mes patients me revenant souvent en écho, me faisant grandir).
N'arrivant pourtant pas à me lâcher totalement. Je freinais toujours un peu.
Par l'exemple qui vient, je voudrais vous montrer comment la vie se joue de nous pour nous emmener exactement là où elle souhaite que nous allions.
Ce n'est pas du déterminisme. La route n'était pas toute tracée. Les nombreux carrefours de ma vie me le prouvent. Mais avec une patience infinie, la vie n'a jamais renoncé à me souffler à l'oreille… J'ai finalement appris à mieux entendre…
Voilà où se tient le véritable libre arbitre : cesser d'être sourd aux synchronicités, aux messages du corps et à ses rêves.

Le premier rendez-vous de F.

F. vient me voir pour la première fois à la fin du mois d'octobre 2014. Elle est recommandée par une praticienne reiki que je connais et qui m'a formé.

F. a 24 ans, elle est étudiante. Elle arrive à mon cabinet avec cette envie : « je voudrais pouvoir faire tout ce que je m'interdis ».

La demande est très claire et affirmée. Cela peut vous sembler original ou saugrenu, voire hors de propos, mais les patients qui viennent avec ce type de requête lors du premier entretien sont nombreux.

Il ne se passe pas une semaine sans que j'entende : « c'est simple, j'aimerais juste être heureuse », ou « je voudrais faire disparaître mes angoisses, c'est tout », et encore « je ne veux vraiment plus vivre comme avant ».

L'ancien accompagnateur que je suis, croit en la capacité de chacun à marcher sur tous les chemins, tous les sentiers, toutes les distances. Reste à trouver l'envie, le souffle, le bon rythme afin de franchir les étapes, les paliers.

Avant d'atteindre le Mont-Blanc, il faut commencer par gravir le Hohneck ou le Grand Ballon.

Lors de notre première séance, nous mettons surtout en évidence que F. n'a toujours pas digéré le divorce de ses parents. Quelques interdits sont accrochés à cette période. Ils sont identifiés.

Le lendemain donc, voici le mail que je reçois : « J'ai ressenti cette nuit un bien-être que je n'avais pas éprouvé depuis très longtemps. Mon corps semblait plus léger, moins douloureux comme si un poids se dissipait.

J'ai appelé mes parents tout de suite en rentrant et je leur ai fait part de mon envie de changer.

J'ai parlé assez longuement avec les deux et j'ai écrit dans la foulée tous les sentiments, sensations qui m'accompagnent depuis si longtemps. »

Nous fixons à sa demande un nouveau rendez-vous pour la semaine suivante.

Les deux suivants…

Lors de cette deuxième séance, nous travaillons essentiellement sur sa place professionnelle, son orientation et le regard de ses parents sur tout cela.

La demande de la première séance s'affine, le sommet se rapproche.

Une troisième et dernière séance a lieu le 22 décembre au cours de laquelle nous mettons le doigt sur l'origine de plusieurs phobies comportementales qui rendent la vie impossible à F..

Elle ne tolère pas la lumière artificielle, ne supporte pas le bruit et est incapable de manger avec les autres. Elle ne sort pour ainsi dire quasiment plus et a renoncé aux repas de famille ou entre amis. Sa vie sociale se borne à presque rien.

En explorant sa mémoire corporelle, F. me raconte le moment où elle a appris de manière officielle la séparation effective de ses parents : elle se trouvait dans un restaurant très bruyant et lumineux !

Bingo ! Le lien lui saute aux yeux ! F. quitte le cabinet à la fois bousculée par ce qui s'est produit et ce que nous avons décelé, mais affiche néanmoins un visage sur lequel on ne lit plus aucune peur de l'avenir.

Je note ce soir-là dans son dossier : « très belle séance de prise de conscience » !

J'ignore encore ce qui m'attend.

En cette fin de matinée du 25 décembre, je me promène dans la campagne avec ma compagne et une vibration m'indique que je viens de recevoir un mail.

« Le père Noël » dis-je en plaisantant à mon épouse pour m'excuser de n'avoir pas éteint mon portable.

Je ne crois pas si bien dire. Voici le texte que F. m'écrit :

« Bonjour, je voulais vous dire que rien ne s'est passé hier soir au réveillon. J'ai pu manger, entourée de 10 personnes sous la lumière. C'est une sensation étrange que celle que je ressens. Quelque chose m'a quitté. Il s'agit de ma peur, je suppose, et j'ai vraiment du mal à y croire ! C'est juste incroyable...

Ça fait des années que Noël engendrait un calvaire.

Aujourd'hui, vous m'avez offert mon plus beau cadeau ! Vous m'avez redonné ma vie ! Un grand merci. »

Des mots pour mon anniversaire

Nous échangeons encore quelques mails en janvier, puis je n'entends plus parler de F. jusqu'au mois de mai, très exactement le jour de mon anniversaire ! Avec le recul, je suis fasciné par la pertinence de cette synchronicité dans ma vie.

Je reçois ce texte : « Bonjour, je voulais vous laisser un petit message pour vous dire à quel point vous avez changé ma vie.

Ou plutôt à quel point vous avez été le déclencheur de toutes les modifications que j'ai opérées depuis nos rencontres !

Je me sens libre, tellement libre et sereine que je n'ai que peu de mots pour expliquer ce bonheur.

Je ne peux que vous remercier d'avoir su me montrer le chemin du bonheur. Je peux aujourd'hui dire que je m'aime réellement et que je suis pleinement heureuse de tous les choix que j'ai faits cette fois-ci, seule.

C'est un visage nouveau que je présente et tout le monde le remarque. C'est presque un miracle.

Une illumination qui a grandi et mûri de jour en jour pour éclore complètement maintenant.

Merci encore pour vos mots, votre savoir-faire et votre aide.

En tout cas, j'espère que vous serez un jour reconnu comme l'est la médecine, car vous m'avez sortie d'une longue dépression sans un médicament à part vos mots.

Belle journée à vous ».

Inutile d'écrire que je reçois ces mots en plein cœur !

Lâcher le frein !

Après plusieurs semaines, ce message continue de m'interroger, de me questionner, de résonner avec un « évènement » au fond de mon ventre que je n'arrive pas à identifier.

Moi qui passe mes journées à accompagner les autres, je reste bloqué sur cette gentille prose qui vraisemblablement me dit quelque chose que je ne veux ni voir ni entendre...

Je ne comprends pas que cette jeune fille qui me remercie de l'avoir aidée à mettre un terme à ses freins, me montre que je suis en train de m'interdire ce que je porte en moi…

Je demeure aveugle face au miroir.

Après des années de quêtes, de travail et de cheminement, après avoir transformé radicalement ma vie aux prix d'efforts et surtout d'inconforts pendant plusieurs années, je ne perçois pas ce que mon mental menteur prend grand soin de me dissimuler. Pourtant je suis bien décidé à ne pas me laisser faire et à œuvrer pour comprendre !

Je sais que je dois être attentif aux signes que me donne la vie, mais je traverse tout de même plusieurs semaines avant qu'une amie ne me permette de trouver une porte d'entrée et qu'enfin ce soit le bon moment, mon instant juste.

Nous échangeons sur la culpabilité, la honte et cette amie me parle alors d'une Américaine qui s'appelle Brené Brown. Elle m'invite à découvrir son travail.

Brené Brown est docteure en sciences sociales, conférencière et auteure de plusieurs livres de développement personnel.

En 2010, elle a participé à une conférence TED* sur la vulnérabilité[1], puis en 2012 sur la honte[2]. Je vous conseille de prendre quelques minutes pour visionner ces deux conférences.

Vos mots !

Elle y explique que la vulnérabilité et la honte nous empêchent d'avancer, de créer, d'être nous-mêmes.

Pour elle, oser élaborer des choses est le meilleur moyen de se rendre vulnérable, de se mettre en position inconfortable ou même dangereuse.

Le fondement de notre éducation repose sur la culture du résultat. Durant la période de notre commencement* nous sommes formatés à rester dans le cadre, dans la zone de confort, à ne pas prendre de risques. Nous devons coûte que coûte réaliser ce qu'exigent de nous les programmes uniformes.

Si bien que l'élève qui revient le soir avec une mauvaise note endosse le résultat de sa copie : « tu es vraiment nul ! »

Semaine après semaine, année après année, la vulnérabilité et la honte se cachent au plus profond de notre chair, de notre

---

[1] *https://www.ted.com/talks/brene_brown_on_vulnerability*

[2] *https://www.ted.com/talks/brene_brown_listening_to_shame*

âme. C'est comme s'il nous fallait entrer durablement dans un véhicule dont l'ergonomie n'a pas été conçue pour nos particularités.

Nous finissons par nous sentir coupables d'être mal à l'aise, pas en pleine capacité. La notion de « vivre à côté de sa vie » m'est d'ailleurs souvent rapportée.

Trouvez la bienveillance de vous dire : « Voilà qui je suis, ce que j'aime, ce que je maîtrise, ce que j'aimerais réaliser. Et dans ma quête, dans ma pratique, je continuerai de mériter le respect, la sécurité et l'amour. Je peux me tromper. Mes erreurs se transformeront alors en richesses et non plus en reflet de mon image ! »

C'est d'une telle évidence que je ne le vois pas. Les mots de F. ne me disent rien d'autre : « Merci encore pour **vos mots**, votre savoir-faire (…) sans un seul médicament à part **vos mots**. »
Vos **MOTS**.
Voilà la clé que je ne voulais pas apercevoir. Voilà ce que je m'interdisais de faire depuis plusieurs années : croire aux mots que je dis chaque jour. Croire que mes mots peuvent devenir des phrases, des chapitres, un livre.

De la révélation à la révolution !

Pour moi, c'est plus encore qu'une révélation, c'est une véritable révolution !
Je découvre pourquoi je n'arrive pas à écrire depuis plus de trente ans ; pourquoi je n'ai jamais réussi à aller plus loin que les poèmes que j'écrivais par dizaines à ma première amoureuse, plus loin que ce premier roman écrit avant mes 18 ans et toutes ces nouvelles dont certaines ont pourtant brillé dans des concours régionaux.
Je n'ai jamais cessé de commencer et de recommencer mille histoires qui ressemblaient à la mienne, mais qui ne m'emmenaient nulle part. Je n'ai jamais totalement renoncé, mais n'y croyais plus véritablement.
Et pourtant la vie n'arrête pas de remettre les mots sur le devant de ma scène.

Devenir thérapeute correspondait aux attentes de mon ventre parce que je sais « lire » dans la vie des gens qui viennent me consulter et que j'essaie de les aider à y voir plus clair dans leur questionnement. Je maîtrise ce regard extérieur qui manque souvent pour se comprendre soi-même.

De l'attention, de l'intuition, de l'écoute me permettent d'ouvrir le capot et de poser un regard neutre sur mon patient. J'ai cette vision globale. Je sais seulement que C'EST MOI, et que je suis à ma juste place.

Si je mets en application ce que dit Brené Brown, je découvre que je peux me regarder sans honte, sans culpabilité, sans peur et que je peux exprimer et surtout écrire ce que je suis. Je peux cesser de me croire illégitime parce qu'il n'existe pas de diplôme reconnu de thérapeute du Mieux-être.

Je renonce à penser que je suis incapable d'écrire mon expérience parce que je n'ai jamais eu la moyenne en dictée et que, au moment de passer mon baccalauréat en candidat libre, j'ai fui la salle d'examen, la peur au ventre.

Si j'écoute Brené Brown, je décide également d'écrire ces mots prononcés chaque jour dans mon cabinet parce que tous les témoignages disent et redisent que ce sont eux qui les aident à s'ouvrir, à comprendre, à cheminer, à s'éveiller...

Et quoi qu'il advienne, je n'arrêterai jamais de penser que je mérite le respect, la sécurité et l'amour.

Vos vies sont remplies de synchronicités

Je vous invite à prendre quelques heures pour tenter de regarder ce que la vie remet constamment devant vos yeux.

Je sais toute la difficulté que cet exercice peut revêtir pour certains lecteurs. Mais n'oubliez pas que vous avez toutes les capacités, toutes les compétences pour parvenir à la révélation évoquée par B. Brown.

Je remarque en séance que même si un patient demeure sourd et aveugle au discours de son ventre, même si son scepticisme à l'égard des signes, des synchronicités dépasse ses croyances, la vie ne renonce pas. La vie n'abandonne jamais.

Si vous vous retournez pour jeter un regard sur votre parcours, vous apercevrez avec étonnement le nombre de fois où vous auriez pu attraper le symbole qui vous crevait les yeux !

Avec le recul et l'analyse, j'en viens à penser que tous ces tours et détours façonnent l'âme. Qu'ils ajoutent du vécu, des expériences qui, mises bout à bout, vous révèlent à vous-mêmes.

Vous êtes en mesure de traverser une vie sans écouter ce que raconte le ventre. Je pense qu'une majorité de gens vivent ainsi...

Je considère que dans la quête de sens, les synchronicités sont le meilleur des terreaux pour faire pousser vos réponses.

Vos vies en sont remplies et à chaque fois que vous en découvrirez une, au moment où elle se produit ou même des années plus tard, votre comportement sera toujours le même : au plus profond de vous-même vous viendra l'envie de sourire et même de rire sans retenue...

En écrivant ces mots, je démasque une ancienne synchronicité qui m'était jusque là passée inaperçue : le premier livre que j'ai reçu (pour le Noël de mes neuf ans) et que j'ai lu avec application pendant plusieurs semaines est celui d'Hector Malot[1].

J'ai réalisé un transfert inconscient sur Rémi. Ses histoires de rejet, d'abandon et de légitimité collaient parfaitement aux miennes... Mais je n'en savais encore rien !

Un rêve

J'ai envie de vous raconter un rêve. Celui de mon enfance.

Dans ce rêve je ne parviens pas à me souvenir si c'est le jour ou la nuit.

Sur la gauche se trouve une ferme vosgienne. C'est celle de mon grand-père.

À droite, c'est le jardin.

Entre la ferme et le jardin, il y a un sentier qui descend vers un pré immense, dont les herbes sont plus hautes que moi dès le début de juin.

Un territoire mystérieux.

---

[1] *Hector Malot, Sans famille édition Hachette 1978*

Je pense à cette époque que l'extrémité de ce champ est à l'extrémité du monde.

Je ne parviens pas à me souvenir si c'est le jour ou la nuit.

Je me rappelle seulement que je cours sur le sentier, en direction du pré.

Je galope, et mes petites jambes cessent très vite de toucher le sol. Je me retrouve dans les airs.

Je deviens comme un oiseau.

Je vole comme un oiseau.

Je survole la maison de mon grand-père.

Je survole le jardin, le pré.

Je suis merveilleusement bien. Je vole toujours plus haut.

Je ne distingue plus le bas.

Je nage dans les étoiles.

Je suis heureux. Je n'ai absolument pas peur.

Je veux que ces instants ne s'arrêtent jamais. Qu'ils durent le plus longtemps possible.

Mais invariablement, le rêve s'achève et je me réveille. Ou plus exactement, « on » me réveille.

Je n'aime pas ce moment, ce retour.

Mais je retombe dans mon lit.

Réveillé.

J'ai fait ce rêve des dizaines de fois dans ma petite enfance. Puis moins souvent. Puis plus du tout. Et j'ai oublié.

J'ai grandi.

Puis j'ai cessé d'y penser pendant quarante années...

L'adulte que je suis comprend maintenant que je ressemblais au phénix dans l'univers. L'enfant lui ne le savait pas.

Le rêve inaccessible

La place du rêve dans notre société ne nous laisse quasiment aucune chance de considérer qu'il puisse avoir une quelconque utilité.

« *Jusqu'en 1992*, nous dit Jean-Michel Crabbé[1] dans son livre, *l'ancien Code pénal punit de l'amende prévue pour les contraventions de la 3e classe (…) les gens qui font métier de deviner et pronostiquer, ou d'expliquer les songes. Article R. 34,7 e.*
Le rêve pose d'abord la question délicate de son sens et il reste ainsi exclu de toute étude rationnelle. Même la psychanalyse, en partie basée sur l'interprétation des rêves, pouvait être considérée comme illégale en France avant la parution du nouveau Code pénal, et un médecin qui s'intéressait aux rêves de ses patients pouvait être inquiété. »
Dans le Larousse Médical Illustré de 1924 la définition du rêve est la suivante : « *Le rêve, que la psychologie classique considère comme un désordre psychique à contenu absurde et sans valeur pratique, tend à être considéré aujourd'hui comme un acte psychique ayant un sens et dont la production est déterminée par des lois précises* ».
Ces lois sont principalement celles établies par « *l'école de Freud, pour laquelle le rêve correspondrait à une pénétration de l'inconscient dans le conscient, à la suite de l'affaiblissement de la censure par le sommeil.*
Freud cherche dans chaque rêve des pulsions infantiles refoulées, nous explique encore J-M Crabbé, *et avec la censure du désir et le déplacement des images, il se permet de transformer profondément le récit du rêve qu'il souhaite interpréter. Ces hypothèses sont invérifiables à l'époque, elles conduisent à une interprétation du rêve réductrice et stéréotypée.*
Dans le même temps, C.G. Jung se sépare de l'école freudienne. Il étend l'inconscient à des images primordiales universelles, les archétypes, et à des dynamismes psychiques variés, y compris religieux. Le rêve équilibre et enrichit la conscience, il participe à un processus d'individuation. »

Freud et Jung souffrent de la rudesse de leurs exposés et contribuent davantage encore à éloigner le rêve et ses significations du quotidien de la majorité des gens ordinaires.

---

[1] *Sommeil et rêves, éditions Ellebore 2003*
Le Dr Jean-Michel Crabbé, médecin généraliste s'est spécialisé dans l'étude des rêves depuis 1984.

L'interdiction de rêver

Comment s'étonner dans ces conditions que cette extraordinaire matière première vous file quotidiennement entre les doigts sans que vous en fassiez le moindre usage ?

Souvent, lorsque quelqu'un évoque un projet nouveau, des intentions particulièrement novatrices ou qu'il déborde simplement d'une énergie capable de bousculer les inerties, il aura toutes les chances de s'entendre dire : « Mais cesse donc de rêver ! »

Le langage courant s'est approprié l'histoire, des dizaines de fois répétées : la Bible enseigne qu'aucune méthode, aucune clé des songes ne permettent d'interpréter les rêves. C'est uniquement un don de Dieu ! Si vous dites ou pensez le contraire, vous finirez en enfer ou sur le bûcher !

Notre société moderne et civilisée a confisqué nos rêves intérieurs pour les remplacer par des produits marchands, standardisés, identiques pour chacun d'entre nous. À tel point que certains sont convaincus de ne jamais rêver. Pourtant chacun d'entre nous rêve dès qu'il dort, mais nous ne sommes pas égaux sur les souvenirs qu'il nous en reste au réveil !

Essayer de comprendre ses rêves devient un marché lucratif. La masse sans cesse plus importante de livres ou de sites internet qui offrent ou vendent la signification de votre dernier cauchemar finit par discréditer davantage encore la place de l'onirique dans la vie de chacun.

Voir décortiqué le contenu d'un rêve suppose que c'est à vous de vous adapter à la réponse. Les démonstrations sont quelquefois cousues avec des ficelles tellement grossières que la farce remplace vite l'analyse. Pas ou peu d'espace pour le sur-mesure avec cette approche.

L'interprétation, elle, se différencie. Elle oblige à la subtilité. Elle est aux rêves ce que le tailleur est à l'habillement. Deux mille ans d'interdiction de parler de la teneur de ses nuits laissent aujourd'hui de profondes séquelles.

Croire en vos rêves

Qu'auraient dit Jung ou Freud de mon rêve d'enfant ? Y auraient-ils vu une quête et une très forte envie d'élévation sociale ? Intellectuelle ? ou spirituelle ? Peut-être les trois à la fois. Ou peut-être le besoin d'une rencontre avec mon moi supérieur.

Nous pouvons y lire une éventuelle fuite de mes problèmes et la volonté d'échapper à mes contraintes, d'accéder à la liberté...

Je trouve toutes ces interprétations justes... mais j'étais incapable d'en prendre conscience à cette époque-là.

C'est pour cette raison que j'ai oublié ce songe pendant toutes ces années. Le chemin a été long et sinueux avant de réussir à déchiffrer ce qu'il essayait de me dire, avant d'être capable de l'interpréter. J-M Crabbé dans un travail de synthèse sur Jung rappelle que ce dernier disait : « Il n'existe ni interprétation prédéterminée ni guide préfabriqué pour comprendre les rêves. Il faut examiner le contenu du rêve avec la plus extrême minutie. La seule hypothèse de base est que les rêves ont, par quelques côtés, un sens... »

Est-ce que mon rêve s'est produit pour me dire qu'un jour je pourrai écrire ces quelques phrases sur ce que je suis devenu, ce que j'ai réalisé dans ma vie ou ce que la vie a provoqué en moi ?

J'ai bien sûr tendance à penser que oui...

Prendre de la hauteur pour regarder d'une façon globale. Sortir des sentiers battus et explorer d'autres chemins, d'autres voies.

Voilà MON interprétation de ce rêve d'enfance.

Et je sais que les réponses se trouvent au cœur de chacun, au centre du soi de chacun.

Et vous ? Si vous recommenciez à croire en vos rêves ?

9 Entendre le corps et trouver le bonheur

« En fait, lorsque l'on sait décoder les malaises et les maladies et que l'on sait à quelles émotions ou à quelles pensées ils sont reliés, il est facile de comprendre et de dire à la personne ce qu'elle vit. »

Jacques Martel

« Mal a dit »

J'ai un livre sur mon bureau qui ne reste pas rangé plus de quelques jours dans ma bibliothèque. J'y plonge et j'y replonge toujours avec extrême confiance quand il s'agit d'éclairer les causes d'une douleur, d'un accident ou d'une maladie.

« Le grand dictionnaire des malaises et des maladies » de Jacques Martel[1] étaye souvent la structure et la compréhension d'une anamnèse* et il interpelle les patientes et les patients par la véracité de ses définitions. Le travail de Michel Odoul[2] « Dis-moi où tu as mal, je te dirai pourquoi » va également dans ce sens.

La littérature de ces deux hommes vous invite à regarder entre les lignes, entre vos maux de tous les jours. Ils nous offrent une notice, un mode d'emploi en cas de dysfonctionnement, qu'il vous appartient tout de même de moduler en fonction de vos ressentis. Transformer les maux en mots !

Le corps malade délivre un message. Le « mal a dit ».

Le corps, ce véhicule à la pointe de toutes les technologies, ne tombe pas en panne par hasard !

La « normalité » de l'espèce humaine, son état primaire consiste à la symbiose avec son environnement. À s'insérer harmonieusement, rien de plus, rien de moins !

Force est de constater que cette philosophie n'entre pas communément dans le quotidien…

Le corps n'est plus un allié, mais un objet que nous ne respectons pas et qui nous le fait payer en retour !

Voilà le tableau fataliste auquel, soyons honnêtes, nous ne pensons même pas, avant que le corps ne flanche pour de bon ; que le croche-pied empêche de se relever comme si rien ne s'était passé !

---

[1] *Editions Quintessence 2007*

[2] *Albin Michel 2002*

« Que ton alimentation soit ta médecine »

Parce que nous sommes ainsi faits : seul le point de rupture peut nous fait réfléchir ! Nous avons besoin d'être arrêtés pour comprendre que cette éventualité puisse nous arriver à nous !

« La bonne santé » ou « la mauvaise santé » semblent être un facteur aléatoire, coup de chance : « moi je suis verni, il ne m'arrive jamais rien ! » Ou à l'inverse : « Comme toujours, j'attrape tout ce qui traîne ! »

Présentée ainsi, la santé ressemble à une immense loterie aux règles floues et indéterminées. Je ne peux pas le croire...

Quelle différence y a-t-il entre le corps qui au contact de la grippe ou de l'épidémie de gastro-entérite est immédiatement impacté et celui qui au contraire ne réagit pas ?

Pourquoi le système immunitaire de l'un fonctionne quand celui de l'autre fait défaut ? Déclencher la maladie revient à faire clignoter une ampoule d'alerte sur un tableau de contrôle. Mais la médecine moderne tend à trouver toutes les solutions possibles pour éteindre l'ampoule en omettant de chercher qu'elle peut être la cause du déclenchement de l'alerte.

Doit-on soigner des symptômes ou bien des causes ?

Pour le moment, la santé a succombé aux sirènes de la consommation et l'industrie pharmaceutique trouve beaucoup plus rentable de s'occuper exclusivement de vos symptômes.

Nous avons sacrifié sur l'autel du progrès les remèdes de grand-mère, l'herboristerie et même le droit de partager ses graines. Le bon sens défendu par Hippocrate[1] lui-même a disparu. « Que ton alimentation soit ta médecine », disait-il. Qui se souvient de cela aujourd'hui ?

Notre nourriture industrielle et raffinée est carencée en vitamines et micronutriments... que l'on s'empresse de nous vendre par ailleurs dans des dizaines de compléments nutritionnels.

---

[1] *Hippocrate le Grand ou Hippocrate de Cos, né vers 460 avant. J.-C. dans l'île de Cos et mort vers 370 av. J.-C. à Larissa, est un médecin grec du siècle de Périclès, mais aussi philosophe, considéré traditionnellement comme le « père de la médecine ». Il a fondé l'école de médecine hippocratique qui a révolutionné intellectuellement la médecine en Grèce antique, faisant ainsi de la médecine une profession à part entière.*

Dans ce monde moderne, il vous serait impensable de faire le plein de votre voiture avec un carburant dont la qualité serait médiocre. Et pourtant, êtes-vous aussi scrupuleux avec la liste des ingrédients du plat cuisiné ou du paquet de bonbons que vous ingérez ? Il existe environ cinq cents additifs alimentaires utilisés pour nous « nourrir ». La plupart d'entre eux sont toxiques, classés à risque pour la santé, voire connus pour être des cancérigènes avérés !

L'empoisonnement est entré dans nos réfrigérateurs, nos garde-manger, nos produits ménagers et même dans nos cosmétiques !

De quelle espérance parlons-nous ?

J'entends souvent que l'espérance de vie n'a jamais été aussi longue. Nous avons gagné trente ans de vie supplémentaire en un tout petit siècle. Le miracle de la médecine moderne !

Cette conclusion me semble tout de même hâtive ! Car elle laisse sous-entendre qu'il n'y avait pas de vieillarde avant Jeanne Calment[1], ce qui est faux ! Hippocrate, encore lui, est mort à 90 ans ! Platon avait 80 ans et Louis XIV 77 ans.

Bien sûr, je ne conteste pas que le commun des mortels vivait moins longtemps que de nos jours, mais les raisons sont plus pragmatiques.

Jusqu'à la fin du dix-huitième siècle, un enfant sur quatre n'atteignait pas l'âge de dix ans ! Mais ce sont surtout les guerres qui ont régulièrement fait des coupes sombres dans la population masculine « en âge de se battre » ! Difficile dans ces conditions de faire grimper les statistiques.

Ainsi, dans le cas d'une vie privilégiée, la mort fauchait hier à l'identique d'aujourd'hui... à ceci près que la médecine moderne n'existait pas, pas plus que les urgences de l'hôpital ni même les conditions d'hygiène minimales !

---

[1] *Jeanne Louise Calment est une personnalité française, née le 21 février 1875 à Arles et morte dans la même ville le 4 août 1997, à l'âge de 122 ans, 5 mois et 14 jours.*

Semmelweis[1], le père du « vas te laver les mains avant de m'accoucher ! » a été rejeté par ses confrères dans les années 1850 alors que « sa découverte » à divisé par six le risque de mortalité à la naissance dans les hôpitaux viennois. De tout temps, les scandales sanitaires se sont avérés difficiles à reconnaître…

En France, nous sommes l'un des pays les plus gourmands en anxiolytiques et antidépresseurs et nous arguons que nous vivons mieux et plus vieux… C'est effacer un peu vite les derniers chiffres de l'OMS qui en avril 2016 prédisent le triplement du nombre de cas de démence sénile dans le monde à l'horizon 2050 !
Je sais qu'il est impossible aujourd'hui de lier la surconsommation de médicaments avec cette augmentation programmée, mais cela me fait penser à un homme qui se jetterait d'un immeuble en répétant avant l'impact : « jusqu'ici tout va bien… »

Refaire corps

Ma pratique d'une « médecine holistique et alternative » ne veut pas dire que je rejette la médecine conventionnelle. Je suis fasciné par la médecine d'urgence et de réparation, par la neurochirurgie.
Je rêve cependant à plus de coopération entre les différents acteurs de la santé. Il me semble que les patients aimeraient également pouvoir bénéficier de cette mixité des soins. Réparer est une chose merveilleuse. Vouloir comprendre pourquoi la panne est survenue l'est-il moins ?
Le personnel soignant manque du temps nécessaire à l'écoute du malade, alors que le temps est souvent la matière première des solutions alternatives. Je sais que les mentalités changeront, inexorablement.

---

[1] *Ignace Philippe Semmelweis, né le 1 juillet 1818 à Ofen (nom allemand de Buda, qui fait aujourd'hui partie de Budapest), mort à Döbling, près de Vienne le 13 août 1865, est un médecin obstétricien hongrois qui œuvra pour l'hygiène. Il démontra l'utilité du lavage des mains après la dissection d'un cadavre, avant d'effectuer un accouchement.*

En attendant cette cohabitation, je pense qu'il est indispensable de (re)considérer son corps de manière plus globale. Les clignotants du tableau de bord, les symptômes ont des choses à dire. Il est primordial d'en prendre conscience.

Je dis régulièrement à mes patients de redevenir le meilleur ami de leur corps, d'être à l'écoute, de refaire corps (sans mauvais jeu de mots).

Voici quelques lignes du discours de Jacques Martel concernant le cancer : « *Même si le cancer peut se déclarer rapidement à la suite d'un divorce difficile, d'une perte d'emploi, de la perte d'un être cher, etc. ; il est habituellement le résultat de plusieurs années de conflit intérieur, de culpabilité, de blessures, de chagrin inconsolable, de rancunes, de haine, de confusion et de tension qui me rongent. Je vis du désespoir, du rejet de moi. Je rumine sans cesse le même sentiment d'échec. Ce qui se passe à l'extérieur de moi n'est que le reflet de ce qui se passe à l'intérieur.* »

L'accumulation des alertes

Peut-être que certains d'entre vous auront du mal à croire que les explications de leurs maux puissent paraître aussi simples. Voici par exemple l'histoire de ce patient venu me voir sur recommandation.

Il a une quarantaine d'années et un parcours thérapeutique très riche. Il aimerait améliorer son rapport aux autres. Il déteste les conflits et a tendance à les éviter autant que faire se peut. Il souhaiterait enclencher un réel changement…

J'apprends que sa situation professionnelle est invivable pour lui depuis plusieurs années.

Pourtant son corps n'a jamais cessé d'envoyer des alertes et telles que les explications données dans le livre de Martel le montrent… Il me cite ces cinq problèmes physiques lors de l'anamnèse.

– Malformation de la vertèbre lombaire L5 : « aurais-je une attitude de mépris ou de nonchalance envers une personne ou une situation ? »

– Diverticulite* : « le malaise est lié à de la colère retenue dans ma vie quotidienne. Je vis à présent une situation dans laquelle je me sens prisonnier et dont je n'arrive pas à voir l'issue. »

– Ostéonécrose* de certains os du pied : « Mes pieds me donnent de la stabilité dans mes déplacements vers un but, un désir ou une direction ». L'ostéonécrose est également appelée infarctus osseux ; « selon la région affectée, je peux me demander ce qui a amené mon corps à me dire : c'est assez ! Je n'en peux plus, une partie de moi se meurt. »

– Tendinites à répétition : « mes tendons représentent de quelle façon je peux m'adapter à différentes situations dans ma vie et de quelle façon j'avance en écoutant ou non ma voix intérieure. »

– Ongle incarné : « l'ongle à tendance à se replier sur lui-même comme je le fais, moi, dans ma vie. Je me retire dans ma carapace et je peux tout retenir contre moi… »

Les explications que je lui donne pour chacun de ses symptômes lui font dire : « je sais où est mon problème dans l'entreprise, mais compte tenu de ma fonction et des enjeux, il sera très difficile à résoudre… »

Il repart de chez moi avec la conscience que son corps n'ira pas mieux sans changement dans son quotidien professionnel, ce qui peut parfois prendre beaucoup de temps.

La mémoire douloureuse

Évoquer la maladie sans parler de la douleur n'aurait pas de sens. Et pourtant parler de douleur va être un exercice d'une grande subjectivité. Nous savons que nous ne sommes pas égaux face à elle… et c'est à peu près tout ce que nous connaissons !

Les hommes seraient plus douillets que les femmes et, toutefois, malgré cela ils résisteraient davantage à la torture…

Ce qui semble de plus en plus certain c'est que la douleur a un lien très fort avec la mémoire et particulièrement la mémoire inconsciente implicite. En clair, c'est un souvenir douloureux très enfoui (peut être transmis depuis plusieurs générations) qui se rappelle à vous lors d'une expérience identique. Consciemment et inconsciemment, vous allez moduler la nouvelle épreuve en fonction de cette mémoire implicite. Une fois de plus, vous n'êtes pas tout à fait maître de vos réactions...

Ce type de mémoire existe déjà chez un fœtus de six mois !

Si vous faites un prélèvement sanguin à un nourrisson le jour de sa naissance et que vous recommencez l'opération un mois plus tard, à l'instant où l'infirmière passera le coton sur le bras, le bébé aura un mouvement de recul et se mettra à pleurer. Avant même d'avoir une nouvelle douleur, l'appréhension d'avoir mal impactera sa réponse. L'anticipation va modifier la douleur suivante et avoir des conséquences à long terme.

Il est envisageable que les contacts physiques à l'emplacement des prélèvements sanguins soient générateurs d'angoisses pour lui une fois devenu adulte.

Ainsi chacun façonne sa résistance à la douleur et peut, comme dans l'exemple du paragraphe précédent, accepter une somme impressionnante de désagréments. À l'inverse, un tout petit accident peut suffire à anéantir une autre personne.

Réconciliation du corps et de l'esprit-conscient*

J'ai déjà dit que la vie est d'une patience infinie et qu'elle ne cesse pas de vous répéter inlassablement les mêmes choses pour que vous les compreniez.

Ainsi, ne pas écouter les alertes du corps peut parfois engendrer des conséquences irréversibles ! La gravité des maladies peut même malheureusement conduire à la mort.

À force de malmener le véhicule, de s'en distancier totalement, celui-ci peut décider de s'arrêter de fonctionner brutalement. Mais jamais sans avoir donné l'alerte une fois, dix fois et bien davantage parfois.

D'un regard extérieur, vous pensez en certaines occasions que le destin frappe au hasard des personnes en « bonne santé », qui n'avaient jamais rien eu avant...

Je n'arrive pas à croire en cette fatalité du hasard ni à un quelconque déterminisme. Quand vous prenez le temps d'élever la vision, d'écouter, de sentir, les liens apparaissent et le sens gagne votre conscience.

Le corps qui n'a plus besoin de sonner l'alarme retrouve dans des délais très courts son équilibre. Le changement d'état peut s'avérer fulgurant.

J'ai compilé des témoignages de patients qui ont vu disparaître en une nuit leur herpès, leur psoriasis, leur verrue, leur torticolis, leur mal de dos…

La liste n'est pas exhaustive, mais elle s'accompagne toujours d'un déclic, d'une réelle prise de conscience, de la réconciliation du corps et de l'esprit-conscient*.

Tout comme pour le mental menteur qui occupait tous les rôles dans le fonctionnement du cerveau, l'esprit-conscient reprend vie dans le corps véhicule. Et cette redécouverte commence souvent par accepter de dire : « j'ai bien compris ce que tu voulais me dire depuis tout ce temps ! Je te remercie. Je vais reprendre ma vie en main et nous allons retrouver l'harmonie… »

Une nouvelle idée du bonheur

Une fois libéré des nuisances du corps qui ne tournait pas rond, vous aurez peut-être envie de vous dire : « maintenant je veux être heureux, maintenant j'ai droit au bonheur ! »

À ce stade du chemin, c'est souvent l'unique volonté, l'idéal du cœur et de l'âme : «   être simplement heureux, vivre simplement dans le bonheur… »

Cela ne veut pas dire que vous n'avez jamais été heureux jusque-là, que vous ne vous êtes jamais nourri de tous ces petits moments de bonheur auparavant.

Il est même tout à fait possible que le corps en alerte vous ait obligé à trouver des moments de réconfort, des moments d'oubli, des morceaux de paradis volés pour avoir la force de continuer la route.

Cette envie de bonheur ne vous apparaîtra peut-être pas aussi importante que je viens de l'écrire plus haut parce que vous penserez « mais enfin ! Je suis parfaitement heureux ! »

Je vous propose maintenant, non pas une recette du bonheur ni davantage une définition ultime de ce qui peut se cacher derrière ce mot.

Je souhaite vous permettre d'éveiller votre esprit-conscient et vous propose de partir à la découverte de la réalité du bonheur, de votre bonheur.

Lisez ces paragraphes avec attention, avec amour et indulgence envers vous-même. N'hésitez pas à vous arrêter si votre corps vous demande de le faire. Écoutez votre intuition.

Tomber le masque du bonheur peut parfois faire mal, rendre mélancolique et profondément démuni...

Comme je vous l'ai déjà expliqué : le chemin du retour sur soi est souvent plus difficile que celui qui conduit au sommet...

Je vais donner la main à ceux qui se sentent prêts maintenant à faire le voyage. Et je donne rendez-vous au chapitre dix à ceux qui préféreront prendre la navette pour survoler ce sentier compliqué (ce qui n'empêche pas d'y retourner le moment venu).

C'est quoi le bonheur ?

Prenez quelques minutes pour vous interroger : quel a été votre dernier moment de bonheur ?

Vous serez sûrement en capacité de faire une liste d'instants bien à vous qui répondent à cette question.

Volontairement, je ne veux pas vous donner d'exemples pour le moment. Ce que vous aurez écrit ou pensé dans votre liste sera juste et respectable. Il n'y a pas de bonnes ou de moins bonnes réponses.

Cependant, essayons de mettre un cadre à ce que nous entendons par « bonheur ».

J'ai envie d'emprunter la définition que donnait André Lalande[1] en 1928 dans son dictionnaire sur le vocabulaire de la philosophie : le bonheur est un « état de satisfaction complète, qui remplit toute la conscience ».

Je trouve cette définition très précise et en même temps je reste perplexe devant la signification de ces mots.

« État de complète satisfaction » dit aussi mon Larousse actuel. Certaines versions ajoutent même « stable et durable » !

Tout à coup, ce mot devient quasiment inaccessible ; une sorte de Graal.

« Complète satisfaction » revêt un caractère très officiel au bonheur. Le nec plus ultra du positivisme.

---

[1] *« Vocabulaire technique et critique de la philosophie », en deux volumes, édition Félix Alcan 1928*

Votre liste en main, vous pourriez du coup avoir la sensation d'être hors sujet et cette expression qui rapporte que « nous courrons après le bonheur sans jamais le rattraper » pourrait prendre tout son sens !

Pourtant les deux tiers de la planète se disent heureux. En 2016, 57 % des français le revendiquent également et ce chiffre monte à 82 % chez les jeunes français de moins de trente-cinq ans !
Du coup, la différence entre la définition officielle du mot bonheur et ce que chacun y range a de quoi rendre perplexe… Si ce que contiennent nos listes n'entre pas dans cette définition, alors qu'est-ce qui constitue ce pseudo-bonheur qui remplit nos vies ?

Le bonheur global

Si j'installe ce sujet important après avoir évoqué la réconciliation du corps et de l'esprit-conscient, c'est parce que je crois que le bonheur est un état global. Et c'est précisément le sens de la définition de Lalande vue précédemment.
Le bonheur véritable ne pourrait exister sans harmonie entre le corps, le mental et l'esprit-conscient…
Voilà que pour contenter notre bonheur la quête du Graal se démultiplie. Ce n'est plus un, mais trois vases que nous devons chercher à remplir pour prétendre au bonheur. Le mythe des danaïdes* en est proche…
Je vais donc réécrire la phrase : le bonheur existe **quand** l'harmonie entre le corps, le mental et l'esprit-conscient se produit.
Pour mieux illustrer ceci, prenons comme synonyme de « bonheur » le mot « air » et reprenons la phrase : l'air existe quand l'harmonie entre le corps qui le respire, le mental qui s'en nourrit et l'esprit-conscient qui perçoit son existence, se produit…
Vous ne cherchez pas l'air que vous respirez…
Et ce n'est pas le bonheur que vous devez vous efforcer de trouver. Il est déjà là ! Atteindre l'harmonie corporelle, faire la paix avec son mental et entrer en conscience dans la vie sont des étapes parfaitement réalisables.
L'inaccessible ne l'est plus.

Le corps en souffrance ne respire pas avec la même facilité l'air et le bonheur qui l'entourent.

De manière identique, un mental menteur très présent ne se nourrit que de lui-même. Une « absence » d'esprit-conscient peut laisser croire que le quotidien se déroule plus aisément ainsi.

Vous avez bien sûr tout à fait le droit de construire votre vie de la sorte. Prenez garde cependant à ne pas dépasser la ligne qui morcellera puis grignotera votre respect envers vous-même (dont vous ne devriez jamais vous départir)…

Du faux bonheur ?

Voici maintenant une série de réponses à la question : qu'est-ce que pour vous un vrai moment de bonheur ?

– Recevoir des nouvelles de mon frère qui n'en donnait plus depuis plusieurs années.
– Obtenir mon baccalauréat avec une mention très bien
– Passer un week-end à la mer avec mon amoureux
– Gagner mille euros avec un jeu de grattage
– Emmener mes enfants dans un parc d'attractions
– Réunir ma famille pour le repas de Noël
– Faire des affaires le premier jour des soldes
– Recevoir un sourire de ma mère
– Faire ma première descente à ski de la saison
– Manger du nutella sur des crêpes chaudes
– Me faire masser
– Fondre en larmes dans les bras de mon père qui saura me réconforter
– M'endormir dans mon bain chaud
– Faire l'amour en harmonie avec ma partenaire
– Assister au lever du soleil en montagne…

Je pourrais ne jamais m'arrêter d'égrainer des tas d'exemples de moments très heureux propres à chacun. Je pourrais apercevoir dans les yeux de ceux qui m'ont donné ces réponses des étoiles qui brillent comme dans un ciel clair d'une nuit de mois d'août.

Car ces moments peuvent ressembler à des bouées de secours dans le quotidien d'une vie. Ils peuvent submerger d'émotions, être attendus pendant des semaines. Ils peuvent encore jalonner le parcours difficile d'une vie en une multitude de petits stands de ravitaillement.

Parfois, ils deviennent la drogue nécessaire pour ne pas couler, ne pas sombrer, ne pas voir, ni entendre... mais tous ces instants de bonheur n'en sont pas ! En tous les cas pas au sens que nous venons de définir un peu plus haut. Tous ces moments sont autre chose.

Le vrai bonheur se démarque très certainement du simple plaisir, du contentement ou même de la jouissance.

La chimie des moments heureux

Ces moments heureux ont en commun de procurer une satisfaction, d'apporter quelque chose, soit par l'intermédiaire d'un tiers, soit par soi-même.

Vous recevez des nouvelles d'un frère silencieux depuis des mois, donc celui-ci vous procure de la joie. Vous obtenez votre bac avec mention, donc votre travail vous apporte de la joie.

La notion de conséquence n'est jamais bien loin. Le moment heureux est assujetti à l'action, immédiatement suivi par l'idée de le mériter. Ce qui est assez logique puisque l'investissement de l'action engagée devrait donner en conséquence l'instant heureux attendu ou non...

L'instant heureux est consécutif de l'action gratuite ou attentiste de celui qui l'a conduite.

Même s'asseoir au bord de la mer pour regarder un coucher de soleil répond à ce fonctionnement.

Sans vous en rendre compte, vous passez votre temps à négocier vos doses de bonheur avec votre cerveau. Endorphine, dopamine, sérotonine, ocytocine jouent un rôle clé dans la transmission de ces moments heureux dans votre corps.

L'endorphine est une hormone connue des sportifs parce qu'elle provoque un sentiment de calme, de bien-être voire d'euphorie, tout en réduisant le stress et l'anxiété.

La sécrétion de dopamine est engendrée par des évènements considérés comme positifs par notre cerveau et génère un sentiment de plaisir qui encourage à l'action pour atteindre nos buts et créer à nouveau cette sensation.

La sérotonine est diffusée lorsque l'on se sent important et utile tandis que l'ocytocine joue un rôle clé dans nos relations sociales.

Ces moments de réconfort nourrissent également notre cerveau des hormones indispensables à son fonctionnement. Malheureusement l'excès ou l'addiction génèrent des comportements qui se trouvent aux antipodes d'une quête sereine du bonheur…

Notre société cherche à nous faire croire que l'unique perspective de bonheur passe par le fait de posséder et/ou et que c'est le seul but à atteindre.

L'alchimie du bonheur

Mais le bonheur est ailleurs ! En réalité, il se trouve au fond de chacun d'entre vous.

Il attend bien sagement l'alignement de ces trois ingrédients :
1. Un corps entendu, écouté et donc en harmonie
2. Un mental branché sur le moment présent
3. La conscience d'avoir un esprit-conscient

Ces courts instants de plénitude vous sont déjà arrivés. J'en suis certain. La difficulté première réside dans l'absence de pérennité de ces moments, parce que l'un des trois vous fait défaut à la moindre seconde d'inattention !

Je le redis, ce n'est pas le bonheur qu'il faut atteindre, mais la maîtrise de ces trois ingrédients. Le bonheur n'est pas le but, mais seulement une réalité à prendre en compte…

Ces moments ne sont pas spectaculaires comme vous pourriez l'imaginer. Le bonheur n'est pas livré sur un plateau en argent avec une musique de cinéma et un feu d'artifice. En fait, il s'agit d'une force profonde qui se met à envahir chaque cellule du corps et qui provoque toujours cette irrépressible envie de rire, de sourire ou de laisser le corps s'exprimer physiquement.

Cet indice sera précieux pour vous rendre compte que l'alignement est en place, même s'il reste éphémère…

Ne rejetez pas vos moments heureux pour une quête effrénée du bonheur…

Apprenez à les identifier et à ne plus les confondre comme cela pouvait être le cas auparavant.

Voici, peut-être comment vous y aider…

10 Les attentes et la confiance

« Ne dis pas que tu veux donner : donne. Jamais tu ne satisferas une attente. »

Goethe

« Le plus grand obstacle à la vie est l'attente, qui espère demain et néglige aujourd'hui. »

Sénèque

Le gardien des clés

Vous avez parfois peur des murs, des barrières, des frontières qui peuvent vous empêcher d'avancer, d'aller là où bon vous semble. Vous êtes vraisemblablement prêt à vous battre pour maintenir cette liberté, et à interdire à vos proches d'entraver vos mouvements.

Mais quelles certitudes avez-vous de ne pas être celui ou celle qui monte des murs, ferme des barrières, garde des frontières pour empêcher les autres ou vous-même d'avancer ?

Quand il s'agit de se protéger d'autrui, ces comportements garantissent une mise en sécurité de son intégrité physique, mentale parfois.

Mais devez-vous absolument continuer de vous préserver de vous-même, avec un système de défense dont vous êtes l'unique initiateur ?

Vivre avec les autres implique de trouver le dosage idéal entre protection et permission. Des milliers de livres ont été écrits sur cet art de la relation à l'autre.

Il peut arriver qu'à certains moments vous soyez entravés dans une situation, dans un mode de vie, dans une relation… Difficile de dire avec méthode comment les choses en sont arrivées là.

Les accumulations de gouttes d'eau remplissent les rivières et les grains de sable deviennent les déserts.

Les prisons peuvent ressembler aux plus enviables des palais, ces derniers n'en sont pas moins des prisons. Et quand la contrainte s'intensifie, il vous faut trouver le nom du geôlier, ce qui n'est généralement pas compliqué à faire.

Le coupable de votre détention existe, vous le savez et c'est dans un premier temps, au moins, une phase rassurante…

L'autre ou les autres, puisque ce sont eux dont il est question, endossent une part importante de cette responsabilité. La situation est toujours complexe à cause de l'autre, figée à cause de l'autre… C'est un joker utilisé comme excuse : « c'est l'autre le gardien des clés… »

Le triangle dramatique

Vous voici empêtré dans un très long processus d'attente. Vous aimeriez voir les murs, les barrières et les frontières disparaître. Vous aimeriez un retour dans le passé, au moment où vous avez laissé le grain de sable se mettre en place. Mais ce moment ne pourra évidemment jamais se produire.

L'inconnu fait tellement peur, que vous lui préférez l'inaction de l'attente où vous vous sentez en sécurité. Sans plan d'action, sans accompagnement, sans informations précises, il est difficile de se dire COMMENT s'y prendre…

La partie de poker menteur peut durer des années. Vous entamerez avec le gardien des clés d'intenses négociations. Mais au final, vous déplacerez pour la forme quelques lignes de partage et de compromis sans importance. Vous resterez votre propre prisonnier dans l'attente que l'autre vous libère…

Parce que c'est bien l'autre qui est en train de vous retenir prisonnier n'est-ce pas ? C'est bien lui qui détient la solution qui arrangerait la situation, non ?

Il est bon de noter que « l'autre » peut également prendre une forme non humaine. La liste des excuses possibles est sans limites…

Vous voilà au milieu des attentes… « Action de compter sur quelque chose ou quelqu'un » dit le Larousse. Pour ma part, j'ajouterais, au risque de vous faire réagir, « action de ne plus être en action ! »

Attendre que les attentes viennent… Et rester sans bouger avec le statut de victime, liée aux excuses extérieures. Je suis victime. Je peux être persécuteur. Et j'aimerais être un sauveur !

Bienvenu dans le triangle dramatique de Karpman[1]. Pour lui, les relations humaines s'organisent autour du triptyque victime-persécuteur-sauveur.

Ce qui est très intéressant à comprendre, c'est que ce jeu de rôles peut se disputer à trois, à deux ou même seul ; et que les costumes changent d'acteurs avec une rapidité remarquable…

---

[1] *Stephen Karpman est un psychologue américain qui dans les années 1970 fut rendu célèbre par son travail sur l'analyse des relations et des manipulations.*

Et vous, avez-vous déjà identifié vos masques et vos costumes ?

Accepter les attentes

Ce mode de fonctionnement peut durer des années, sans jamais apporter de solutions concluantes…

Pour illustrer ceci, prenons l'exemple de cette patiente qui vient me voir parce qu'elle est en fort conflit avec sa fille de seize ans. Elles sont toutes les deux au bord de l'explosion permanente !

La maman vit seule avec ses deux enfants de seize et dix ans. Elle vient d'une famille stricte, ou en tous les cas engoncée dans le « qu'en-dira-t-on ». L'adage de la famille a toujours été : « ne te montre pas ! »

Elle essaye pour ses enfants, d'être ouverte et tolérante et se démène pour qu'ils ne manquent de rien.

La fille, pour sa part, me dit qu'elle n'en peut plus de la pression que lui met sa mère…

La maman désire tellement ne pas reproduire le schéma qu'elle a subi dans son enfance, qu'elle ne se rend pas compte de celui qu'elle impose aujourd'hui à sa fille. La mère est convaincue que ce qui est juste pour elle doit forcément l'être pour sa fille !

J'ai beaucoup de peine à faire prendre conscience à la maman qu'elle manifeste des attentes très fortes… Elle argumente les choses ainsi :

« Je veux seulement que ma fille soit ouverte et tolérante… Je veux qu'elle soit curieuse et qu'elle s'intéresse aux autres… Je ne comprends pas pourquoi elle n'accepte pas cette ouverture d'esprit que je lui propose… »

Je sens son désarroi quand je prends chaque attente donnée en exemple pour lui montrer qu'elles viennent d'elle et que sa fille a parfaitement le droit de ne pas s'y soumettre. Pourtant elle poursuit :

« Mais vous êtes d'accord avec moi que c'est pour son bien, pour qu'elle ne souffre pas comme moi j'ai souffert ! »

J'ose pourtant : « et si votre fille ne répondait pas à vos attentes ? »

Ses yeux se mouillent de larmes et l'interrogation se lit profondément sur son visage…

Nous attendons tous

Je pourrais prendre des dizaines d'autres exemples, car nous passons notre temps à avoir des attentes, le plus souvent sans en avoir conscience.

Nous attendons de nos enfants qu'ils reviennent de l'école avec de bonnes notes, qu'ils se tiennent bien, qu'ils soient polis, intelligents et drôles. Les cartables renferment une feuille de route stricte, un ordre de mission qui date de notre défaite face à la Prusse de 1870[1]. Jules Ferry serait content de voir que l'école continue aujourd'hui à former de vaillants petits soldats pour la France...

Les attentes sont encore plus fortes dans les relations d'un couple. Nous attendons de notre partenaire de vie qu'il soit proche de nous mais pas étouffant, qu'il soit fougueux mais qu'il ne pense pas « qu'à ça », qu'il soit tendre mais ferme, qu'il ne voie que nous mais nous laisse tranquille... Et bien sûr, nous attendons toutes ces choses à des moments très précis...

Nous attendons aussi de nos amis, de nos parents, de nos collègues de travail, des institutions, des services publics et des politiques.

Et nous attendons tout autant de choses et d'objets, de la nature et du monde entier...

Le plus terrible, c'est que ces attentes (que tout le monde a, alors pourquoi pas moi ?!) ne sont jamais entendues complètement ni assouvies au moment opportun (lorsqu'elles le sont).

C'est à se demander si la Terre entière ne s'est pas liguée contre vous, n'est-ce pas ?

Il est doux de penser que le monde serait tellement plus beau, s'il répondait un peu plus à vos attentes...

Et si je vous demandais ce que vous attendez de vous ?

« Pardon ? Ce que j'attends de moi ? Ah ! c'est drôle, je me suis rarement posé cette question... »

---

[1] *Léon Gambetta dira : « le vrai vainqueur à Sedan (lieu de la principale défaite qui entraina la chute du Second Empire), fut l'instituteur prussien ; c'est à l'instituteur français de gagner la prochaine guerre. »*

Supprimer les attentes

« Mais comment voulez-vous que je cesse d'avoir des attentes ? », m'a un jour rétorqué une patiente ?

Soyons clairs, je ne veux pas que vous renonciez à avoir des attentes, ce qui signifierait entre parenthèses que j'ai moi-même des attentes précises envers vous, ce qui serait paradoxal…

Je pointe seulement du doigt le fait que chacun d'entre nous vit avec des attentes plus au moins fortes, plus ou moins consciemment, et que celles-ci sont à l'origine de situations, de relations et de comportements compliqués.

Ce que Karpman a vulgarisé correspond à ce triptyque infernal qui renverse les rôles en permanence : de victime je deviens persécuteur dans une volonté de sauver…

« Si les attentes sont liées aux autres, pour régler le problème vivons seuls au fond d'une grotte ! », me direz-vous.

C'est une solution en effet, mais malgré sa radicalité je ne suis pas certain de son efficacité. Est-ce que l'enfermement et l'isolement vous éloigneraient de vos attentes ? J'en doute. N'oublions pas que nous sommes des êtres sociaux et que notre cerveau est fait pour se développer en société.

En réalité, dans la relation à l'autre, ce n'est pas l'autre qui pose problème, mais seulement ce que je décide d'attendre de lui. Je ne dis pas non plus que l'autre est toujours innocent ; il a pu me promettre et me faire miroiter des comportements qu'il ne tiendra pas. Mais si nous poussons l'analyse jusqu'au bout, au final, j'attendais qu'il tienne sa parole… C'est donc bien moi qui reste à l'initiative de mes attentes !

Pour modifier ce comportement, il faut comprendre et transformer ce qui constitue mes relations aux autres et à nos échanges et non pas les supprimer.

Une amie m'a suggéré la métaphore du panier de fruits que je pense très pertinente. Ce que vous êtes se trouve dans un panier : une variété plus ou moins importante de fruits qui correspond à vos traits de caractère. Certains fruits peuvent être trop verts ou même gâtés…

Chacun fera de ce panier ce dont il a envie. Vous pouvez tout prendre. Vous pouvez choisir de le prendre partiellement. Et vous pouvez aussi, à la condition que le propriétaire du panier vous laisse faire, abîmer les fruits qu'il contient en les laissant pourrir...

Les trois profils

Même s'il est aisé de changer de costume en quelques secondes, certains préfèrent se spécialiser dans l'une des trois catégories.

Le persécuteur a des attentes fortes et marquées qu'il doit assouvir coûte que coûte, naturellement au détriment des autres. Cela ne veut pas dire qu'il agit systématiquement frontalement, il excelle aussi dans l'art de la manipulation.

La victime a elle aussi des attentes fortes, mais entreprendre pour elle-même la terrorise. C'est tellement plus simple de penser que c'est l'autre qui est en cause... En général, la victime maîtrise aussi très bien les ressorts de la manipulation et surtout sait faire culpabiliser autrui mieux que personne.

Le sauveur quant à lui est un concentré de persécuteur et de victime, maniant avec brio culpabilité et tactique manipulatrice...

Est-ce que ces trois profils sont fondamentalement différents ? Pour moi, la différence est ténue, car ils sont au cœur des attentes et chacun se nourrit de l'autre.

Pour aider un persécuteur à réduire ses attentes, ou du moins à ce qu'elles occasionnent moins de dégâts dans son entourage, il faut qu'il prenne en considération le fait que l'action doit venir essentiellement de lui-même.

Pour aider une victime à réduire ses attentes ? Il faut l'inciter à moins se projeter dans l'autre, à moins vouloir s'en imprégner et dépendre du fonctionnement et des actions d'autrui.

Pour aider un sauveur à réduire ses attentes. Il faut lui faire prendre conscience qu'il ne peut pas aider la Terre entière, qu'il n'en a pas les moyens. Et surtout lui faire accepter l'idée que son aide puisse être refusée, voire totalement ignorée...

Changer de paradigme...

La relation à l'autre est très souvent basée sur un rapport de forces. Il est toujours question de positionnement, d'attitudes qui définissent ce que je représente et à quel niveau je me situe par rapport à l'autre.

Le risque d'un tel comportement est de perdre peu à peu la mesure de sa propre identité et de ne plus savoir répondre à des questions simples sur soi-même, sans avoir besoin de l'autre pour argumenter la réponse...

Je vous repose donc la question : maintenant qu'attendez-vous de vous ?

Que vous soyez persécuteur, victime ou sauveur, êtes-vous prêt à lâcher vos attentes ?

Je sais par expérience que je peux laisser quelques lignes en blanc et de longs silences avant d'obtenir une réponse...

Comment est-il possible de se défaire d'un fonctionnement qui semble être la norme et l'essence même des relations entre les hommes ?

J'ai souvent l'impression que le discours sur les attentes et la nécessité de s'en défaire sont considérés comme une punition : « Pourquoi est-ce que cela tombe sur moi ?! »

« De quoi va être constituée ma vie, si je ne peux plus rien attendre des autres ? »

La perspective de ce vide sidéral met en panique générale parfois...

Ce n'est pas uniquement désapprendre dont il s'agit, mais de changer de monde, de paradigme, d'univers. Faire le grand saut sans savoir à quoi ressemble l'endroit où vous allez atterrir.

Cette étape est immense à franchir ; elle nécessite d'y consacrer du temps (beaucoup) et de lâcher (beaucoup aussi), nous allons en parler dans le chapitre suivant.

Ce passage peut être difficile et amener des conflits avec votre entourage parce qu'il ne comprendra pas toujours vos changements d'attitude, de positionnement qu'ils prendront pour du désintérêt, de la désaffection ou une soudaine absence de présence...

L'individuation

Carl Gustav Jung écrit[1] : « *j'emploie l'expression d'individuation pour désigner le processus par lequel un être devient un individu psychologique, c'est-à-dire une unité autonome et indivisible, une totalité.* »

Je crois que prendre conscience de ses attentes propres, personnelles et mettre en route le désir de s'en affranchir correspondent au terme d'individuation décrit par Jung.

Il ajoutait que l'on peut traduire ce mot par « *réalisation de soi-même, réalisation de son soi.* »

Bien sûr, il ne peut être question de réalisation de soi qu'une fois débarrassées des emprises de l'autre au travers des attentes formulées ou non. Cette mise à distance semble être un préalable, l'examen probatoire pour se connaître mieux. Il oblige à ne regarder que soi et à ne garder que les faits et les émotions avec lesquels vous avez un lien direct.

Si je reprends quelques instants la métaphore du panier de fruits, l'individuation signifie que je suis seul responsable :
– Du contenu de mon panier
– De la façon dont je l'ai et vais encore le remplir
– De ce que j'aurai envie de rendre disponible ou non aux autres
– De la protection que je jugerai nécessaire pour en préserver l'intégrité

Lâcher les attentes oblige à dire JE. Et cette perspective peut laisser croire que l'ego va s'en donner à cœur joie.

« Je préfère avoir des attentes plutôt qu'être égoïste », me dit-on parfois !

Personnellement, je suis convaincu qu'attendre que l'autre donne (en râlant si ce n'est pas le cas) est mille fois plus égoïste que de faire soi-même ce qui est bon pour soi ! C'est lorsque l'on ferme soudainement les robinets au persécuteur que celui-ci crie à l'égoïsme, à la non-prise en compte de ses attentes et besoins !

---

[1] « *Ma vie* », *souvenirs, rêves et pensées. Folio 1991*

Votre panier de fruits

Jung précise encore[1] : « *L'individuation n'exclut pas l'univers, elle l'inclut !* »
Ainsi, vous recentrer sur vous-même, vous ouvrira aux autres, alors qu'à l'inverse, vous concentrer sur les autres de manière excessive vous fermera à vous-même…

Il me semble nécessaire d'apporter ici un éclairage supplémentaire quand j'écris qu'il est important de se défaire de ses propres attentes. Dans le processus de ce fonctionnement et avec la définition que j'en ai faite : à savoir : « action de compter sur quelque chose ou quelqu'un », je fais le constat que c'est l'autre qui conditionne votre inaction.
Pourtant il n'est évidemment pas interdit d'avoir des attentes dans votre vie, à la condition que vous attendiez de vous-même, plus que des autres.
En conséquence, si nous continuons avec notre panier de fruits il vous faut apprendre à ne plus dire… mais faire… Par exemple :
– Ne plus dire que vous aimeriez que l'autre vous procure ce fruit dont vous avez tant besoin et en souffrir ; mais faire le nécessaire pour vous le procurez par vos soins.
– Ne plus dire que le contenu de votre panier ne vous convient pas et en souffrir ; mais faire le tri et peut-être empêcher les autres de remplir votre panier…
– Ne plus dire que vous en avez assez que l'autre se serve dans votre panier sans demander et en souffrir ; mais faire en sorte d'établir des règles de respect de votre fonctionnement.
À vous de construire vos phrases sur ce principe : « ne plus dire… et en souffrir ; mais faire… »

Le bonheur ne dépend que de soi-même…
Je vais encore m'appuyer sur les mots de Jung qui dit que : « *La voie de l'individuation signifie : tendre à devenir un être réellement individuel[2]* ».

---

[1] *idem note précédente*

[2] *idem*

La définition ne peut pas être plus limpide, je pense !

Pour vous trouver, il n'y a pas d'autre chemin que de passer par celui de la connaissance de vous-même.

Individuel ne veut pas dire individualiste. Cela veut simplement dire que vous êtes responsable de votre vie, que vous vous engagez, que vous agissez en conscience et que vous accomplissez l'action de devenir.

Un tandem nommé confiance

Concomitante à cette mise en avant du JE, la confiance se manifestera immédiatement. Quand je dis confiance, c'est en fait surtout de son absence ou de son manque dont nous allons parler !

Comment entreprendre de dire JE, si je n'ai pas confiance en moi ? Le passage à l'acte est évidemment plus difficile dans ce cas de figure.

Et peut-être que ce manque de confiance ou cette absence complète de confiance en vous incite à attendre bien davantage des autres que de soi-même. Ainsi votre comportement se trouve muselé dans une sorte de mouvement perpétuel !

Puisque vous n'avez pas confiance en vous, vous attendez des autres qu'ils fassent pour vous. Et attendre des autres renforce cette absence de confiance en soi : CQFD[1] ! C'est un vrai cercle vicieux !

Dans ces conditions, il est parfois très dur de trouver la faille qui arrêtera, puis inversera la spirale infernale…

La confiance en soi découle du commencement*, de l'environnement et des apprentissages. Et de ce fait, il arrive parfois qu'un patient soit dans l'incapacité d'imaginer, de conceptualiser ce que veut dire « avoir confiance ».

Ne pas l'avoir appris ne signifie pas qu'on ne pourra jamais l'apprendre, et ce quel que soit notre âge. Lorsqu'un enfant apprend à marcher, il tombe cinquante fois. Pourtant, cela ne lui viendrait pas à l'esprit de se dire « je ne suis pas fait pour ça, j'arrête ! »

---

[1] *« Ce qu'il fallait définir »*

Avant de devenir une évidence, apprendre à avoir confiance est d'abord un saut dans l'inconnu, dans une zone inconfortable, voire dangereuse.

Pour ma part, je suis convaincu que le JE et la confiance sont un tandem qu'il faut appréhender comme tel. L'un et l'autre vont de pair et chaque petit progrès de l'un fera progresser l'autre de manière automatique.

Avoir confiance, c'est très certainement considérer ce que je suis…

Le risque de faux pas

Pour étayer cette remise en confiance, il ne faut pas tomber dans le piège de réclamer de l'autre qu'il juge si vous avez raison ou non de vous faire confiance. Ce faux pas est classique, puisqu'il résulte de votre ancien mode de fonctionnement. Vous ne désapprenez pas d'un claquement de doigt ! Ce serait trop facile…

Pour (re)construire votre colonne vertébrale, c'est d'abord vous qui allez mettre les mains dans la matière. En fabriquant cette couche primaire de protection, qui ne dépend que de vous, pour vous mettre à l'abri des attaques et des remarques que l'on peut vous faire, pour vous permettre de vous en détacher très vite.

Bien sûr que le regard de l'autre pourra également vous aider, à la condition que ce regard soit essentiellement bienveillant ; ce qui ne veut pas dire exempt de critique, mais respectueux de votre personne, de votre personnalité, et donc, de votre JE.

Prendre le large, maintenir une distance est parfois momentanément indispensable pour vous protéger de vos cercles et vous laisser partir à la découverte de vos nouveaux comportements.

L'absence de bienveillance et d'une certaine reconnaissance, par vous-même, pour vous-même, peut vous faire replonger dans le fonctionnement des attentes de l'autre.

C'est parce que vous allez construire patiemment votre identité propre, votre unicité (et que celle-ci correspondra de manière intuitive à votre être profond) que vous gagnerez confiance en vous. Cette sensation de justesse dont j'ai déjà parlé en sera le ciment.

L'histoire de C.

Pour illustrer mon propos, je vais vous raconter l'histoire de C..
C. a plus que la cinquantaine lorsqu'elle vient me voir au cabinet. Femme dynamique et au caractère bien trempé, elle consulte pour essayer de résoudre un problème de comportement envahissant et inadapté, consécutif à une rupture compliquée.
La demande et les attentes sont claires !
Pourtant cette première séance va très vite prendre une tournure inattendue…
C. veut ouvrir un bistrot de pays pour y faire une cuisine de copains ! Ce rêve vit au fond de son ventre depuis des années. Elle s'y est préparée, a obtenu les diplômes nécessaires… mais la peur et son mental menteur détournent son attention sur cette rupture.
Ce qui se déroule pendant cette première heure est un choc. Elle ne s'attendait pas à ce que nous parlions de ce projet. Pourtant ce sera la première action concrète qui lui permettra de voir son rêve se réaliser dix-huit mois plus tard.
Et comment y est-elle parvenue ? En se défaisant, une à une, des attentes dont elle n'avait pas la maîtrise.
La première d'entre elles était de croire qu'un beau matin, les choses se réaliseraient toutes seules, comme par magie ! La deuxième attente était de penser qu'elle n'avait pas le droit de réaliser son rêve.
C'est avec ce changement en elle qu'elle est repartie la première fois.
Nous nous sommes revus à six ou sept reprises, au point de faire naître une sincère relation d'amitié. Et chaque consultation a été pour elle comme une marche supplémentaire vers sa réalisation personnelle.
Je ne vais pas dérouler ici tout le processus, mais cependant m'attarder un instant sur l'étape de la loi d'abondance. C. a voulu croire en cet outil, mais son apprentissage fait souvent trébucher. Car demander à la loi d'abondance d'apporter des ré-

ponses aux attentes revient à attendre de l'autre… et il n'y a pas beaucoup de chance que cela fonctionne.

Le cocktail

Réussir ce savant mélange d'abondances, d'attentes, de confiance, de lâcher-prise et de laisser agir, voilà le cocktail parfait.

C. est la preuve que cela fonctionne. Des dizaines de messages d'autres patients me le rapportent également.

Mais au-delà des ingrédients, parlons de tour de main…

La loi d'abondance est très précise. Avouez qu'il y a une différence entre « je trouve un bistrot de pays correspondant à mes critères » (critères qui seront nommés) et « j'attends que la loi d'abondance me trouve un bistrot de pays… »

Certains pourront penser que la différence est subtile, pourtant même si les ingrédients sont identiques le résultat sera totalement différent.

Quand l'objectif sera clairement défini, pourquoi vous restreindre aux seules options que votre mental aura imaginées ? Pouvez-vous lui faire confiance aveuglément ?

Laissez agir. Vous serez étonné de la facilité avec laquelle les choses se mettront en place dès le moment où vous aurez décidé de lâcher prise…

Pour en terminer avec les attentes ou pour les diminuer, il ne me vient pas d'autre mot que celui-ci : ACTION !

Les attentes et la confiance

11 Lâcher-prise et laisser agir

« Je compare la vie aux cordes d'un instrument de musique, qu'il faut tendre et relâcher pour qu'elles rendent un son plus agréable. »

Démophile d'Himère

Un précepte à graver

« Lâcher-prise et laisser agir » sonne comme un précepte à graver au fronton de votre demeure intérieure. Tentons d'entrer au cœur même de ce que peuvent signifier ces quatre mots, qui ne sont pas qu'une belle maxime.

Le lâcher-prise est un terme terriblement à la mode. Mais lui trouver une définition simple qui puisse convenir au plus grand nombre est mission impossible.

Pour essayer d'en comprendre les rouages, nous irons explorer ce que peuvent bien vouloir dire les concepts d'acceptation et de détachement.

Est-ce qu'accepter, c'est consentir à lâcher-prise ? Et dans ce cas, quelle part de résignation s'engouffre dans cette idée ?

Eugène Ionesco se demandait[1] « *Qui est le plus sage ? Celui qui accepte tout ou celui qui a décidé de ne rien accepter ? La résignation est-elle une sagesse ?* »

Comment parler du lâcher-prise sans évoquer le pardon ? Il prend tant de place dans notre éducation que son emploi est loin d'avoir un sens universel. Le pardon d'aujourd'hui dédouane toutes les fautes volontaires, toutes les indisciplines, tous les interdits. « Pardon » devient le passe-droit, l'assurance du « je peux tout me permettre ». Quel lien avec l'acceptation ou le détachement ?

La diversité des propositions de lâcher-prise offertes sur le marché du bien-être démontre que l'acceptation n'appelle pas une compréhension unique.

Je crois que vos réponses au lâcher-prise se doivent de révéler votre unicité.

Et je m'interroge même sur l'existence d'un sens, d'une réalité concrète et modificative de l'acte d'accepter. Ne devrait-on pas simplement laisser agir ? Pas dans le sens de « soumission »

---

[1] *Dans la pièce de théâtre « Ce formidable bordel », écrite et jouée pour la première fois en 1973.*

bien sûr, mais dans celui d'accepter de ne pas tout maîtriser entièrement...

Par quoi commencer ?

Dans quel ordre fonctionne le couple acceptation/détachement ?

Si accepter c'est consentir à prendre, à recevoir, à se déclarer prêt à subir, à considérer et finir par admettre ; à l'inverse, se détacher indique une volonté de retirer le lien, de ne plus se sentir concerné, ne plus envisager comme essentiel et vital ce qui se produit devant moi.

Mais faut-il accepter pour pouvoir se détacher ou bien commencer par se détacher pour réussir à accepter ?

L'acceptation laisse à penser que les évènements, les émotions, les relations se dirigent vers votre cercle, vers votre centre. Le détachement procure la sensation inverse en cessant d'affecter votre centre et en vous libérant à mesure que la distance se crée.

Ainsi il semble qu'accepter n'est pas un préalable au détachement. De même, se limiter à l'acceptation n'ouvre sûrement pas au total lâcher-prise...

Mais comment faire pour se détacher des choses, des gens, des idées et même se détacher de soi et du mental menteur ?

Je vous ai longuement parlé des liens qui s'établissent autour de vous et maintenant j'écris que le lâcher-prise vous conduirait vers le détachement... Nous frôlons le grand écart !

Pour moi, il y a une différence entre couper un lien et s'en détacher. Je pense que couper est impossible parce que nous ne sommes pas en mesure de réécrire l'instant présent. Vous ne pourrez pas faire disparaître ce qui a existé !

Imaginons : vous décidez de rompre avec votre amie de vingt ans parce qu'elle vient de vous avouer avoir eu des rapports intimes avec votre conjoint.

Vous stoppez évidemment toute relation : « je ne veux plus la voir ! Plus lui parler ! Elle n'existe plus ! Elle est rayée de la carte ! »

Vous serez alors convaincue d'avoir coupé le lien... Mais c'est irréalisable. Les liens tissés avec cette amie demeurent insécables !

L'autonomie des liens

Je pense même que les liens dès qu'ils sont constitués acquièrent une vie propre, indépendante des acteurs de leur création.

Je m'explique.

Dans l'exemple ci-dessus, je parle de deux amies qui partagent des liens depuis vingt ans. Cette relation entre elles existe de manière tangible. Elle est constituée de rencontres, d'échanges, de souvenirs, de traces physiques et psychologiques laissées au gré du temps.

Il est impossible de réécrire ce qui compose ce lien... Aucune d'elle ne possède ce pouvoir, ni personne d'autre d'ailleurs !

Prendre l'initiative de dire que c'est la fin de la relation, ne la fait pas disparaître pour autant... Allons plus loin encore et imaginons que vous décidiez ensemble de dire que votre liaison est coupée, qu'elle s'évanouit. Cela restera des mots. Le lien est ineffaçable !

Considérons un tiers qui aura assisté à la réalisation de votre histoire, de votre lien. Cette personne sera témoin de traces, des attaches qui impacteront directement sa propre vie. Ce pourra être grâce à vous, donc à votre attachement commun qu'elle aura rencontré son compagnon. Cette relation naissante sera liée à votre histoire quoi que vous fassiez. Et vous n'aurez pas le pouvoir de faire disparaître cela.

La toile tissée est immense et les interactions ne vous appartiennent plus...

A contrario, plus une coupure de lien est ressassée, mal digérée, sans cesse mentalisée, plus elle se renforce et conforte les rapports existants.

Vous pensiez réaliser une cassure, mais en fait votre comportement provoque l'effet inverse et vous faites du renforcement !

Pour sortir de cette situation, c'est-à-dire pour laisser s'éloigner les choses, c'est dans le détachement que vous trouverez un peu de répit...

Deux questions pour apprendre le détachement

Pour vous aider à mettre du détachement dans votre vie, nous verrons deux questions à vous poser.

Mais d'abord, j'aimerais parler des émotions cadenassées telles des chaînes.

L'incapacité à franchir une situation, à se défaire de l'obsession collée au quotidien puise ses sources dans l'émotivité.

Sa gestion ne dépend pas de l'esprit-conscient*, mais de réactions viscérales qui en plus de sonner faux, sont souvent disproportionnées.

Se détacher va constituer à retirer les émotions toxiques du lien sans nécessairement faire abstraction des traces d'affections qui pourront perdurer.

À chaque fois que vous serez face à une émotion en rapport avec une personne à qui vous êtes attaché et dont vous voulez vous éloigner, posez-vous cette première question : « est-ce que je suis à l'origine et aux commandes de l'évènement qui est en train de se produire ? »

Prenons un exemple qui me met en scène : je me déplace à pied ou à vélo et un autre usager de la route manque de peu de me renverser. Il m'invective et poursuit son chemin dans une totale indifférence… Ma réaction viscérale sera de me sentir ignoré, non respecté pour ce que je suis, en un mot illégitime. Et cela va me mettre en colère… J'ai identifié lors de mon exercice sur le commencement* que la légitimité est un point sensible pour moi.

Si je me pose la question, je ne suis ni à l'origine (je marchais à ma place dans le respect du Code de la route) ni aux commandes (je ne maîtrise pas l'attitude du chauffard). Pourtant ce dernier avait-il la volonté de faire de moi quelqu'un d'illégitime ? S'est-il dit en ne respectant pas une priorité « ce gars a un problème de légitimité dans la vie, donc je peux lui couper la route ? »

Évidemment pas.

Dans presque tous les cas, la négation devrait l'emporter et vous permettre de vous poser la deuxième question : « Pourquoi est-ce que je me laisse submerger par une émotion dont je ne suis ni à l'origine ni aux commandes ? »

D'autant que cela ne correspond pas à la réalité des faits. Je suis juste victime d'un chauffard, ce qui n'est pas sans importance bien sûr, mais en aucun cas cela ne remet en cause ma légitimité de vivre !

À force de persévérance, ce travail de détachement permet d'accueillir pleinement vos émotions, vos sentiments et d'en comprendre le sens.

Se détacher sans indifférence

Dans ce prolongement, la question légitime à se poser prend cette tournure : « est-ce que les émotions doivent finir par ne plus me toucher, même si j'en suis à l'origine ? »

L'apparente « indifférence » que pourrait donner votre détachement naissant pourrait vous faire douter, vous faire trébucher, voire mettre un sérieux coup de frein à vos projets.

Combien de membres de votre famille prendront votre détachement pour de l'indifférence ? Préparez-vous à entendre : « Si tu m'aimais, si tu avais des sentiments pour moi, si je représentais quelque chose pour toi, tu ne réagirais pas comme tu le fais ! »

Pour y voir plus clair entre détachement et indifférence il est bon de redire avec toute la délicatesse nécessaire (teintée de fermeté appuyée) qu'être indifférent induit la notion de « je m'en moque ». Alors qu'être détaché formule au contraire que « cela ne m'implique pas ». Mais cela ne veut pas dire pour autant que je n'y suis pas sensible !

Cette nuance reste inaudible dans certaines situations conflictuelles où la sensation pure et brute de l'indifférence l'emportera. Mais l'argumentaire consistera à dire : « Bien sûr que cette situation me perturbe. Mais quoi faire maintenant que l'évènement s'est produit ? J'ai décidé de vivre au présent et dans mon présent il n'y a pas de traces de ce dont tu me parles. J'ai vécu, comme toi, cette émotion et cette douleur, mais puisque je continue à vivre, je vais me concentrer sur l'environnement qui se trouve autour de moi. Les souvenirs ne doivent pas empêcher d'avancer. Ils doivent juste refléter des moments passés, ni plus ni moins. »

Démonter les hypothèses du mental

La bataille du lâcher-prise a également lieu entre le ventre et le cerveau. Le premier soutient le détachement tandis que le second fait alliance avec l'indifférence. Le mental menteur peut manipuler sans volonté de notre part ni conscience et faire apparaître des troubles dans le ressenti des émotions.

Le jour où votre ventre vous offre l'intuition d'avancer et de tourner la page, le mental ne met pas longtemps à vous envoyer un souvenir heureux, ou une projection de ce qui aurait pu se passer si vous n'aviez pas décidé de vous détacher ! « Comment peux-tu être à ce point indifférent(e) ? J'ai honte de toi », vous criera-t-il !

Bien sûr, cela réveillera « madame culpabilité » et votre ventre pourra se tortiller en tous sens !

Pour ne pas laisser la rumination mentale prendre le dessus et construire avec du flan un ersatz de la réalité, la question à se poser reste : « comment puis-je me rendre compte que c'est mon mental et non pas mon ventre qui est en train de me parler ? »

Trois éléments de réponse :

1. Si vous vous questionnez sur ce sujet, il y a peu de chances que vous soyez dans l'instant présent en connexion avec votre ventre. L'intuition, la bonne idée, le cheveu sur la soupe délivrés auront déjà été soupesés, comparés et lestés de vos peurs et de votre histoire. Ce qui finit par provoquer de nouveau la fameuse question…

2. Vous ne parlerez jamais avec votre ventre, vous essayerez seulement de l'écouter le plus souvent possible. Faire du blabla avec le mental est très commun. Vous ne pourrez pas le faire avec le ventre qui « se contente » de vous délivrer un message, que vous entendrez ou non !

3. Si vous acceptez que votre cerveau remplace quelques minutes vos intuitions, sachez qu'il fera en sorte de vous les rendre à son avantage…

Encore un petit truc pour vous détacher avec plus de facilité. Notez régulièrement toutes les choses qu'il vous semble indispensable de faire, d'acquérir dans l'immédiateté. Quelques jours plus tard, reprenez votre liste et constatez ce qui n'a maintenant plus aucune importance…

Alors dernier conseil : lisez ou relisez Schopenhauer[1].

Le pardon

Interrogeons-nous maintenant sur ce que peut signifier le pardon au milieu de ce chapitre concernant le lâcher-prise.

Qu'est-ce que le pardon ? Que représente l'action de pardonner ?

Peut-on tout pardonner ? À qui doit-on pardonner ?

L'origine étymologique de ce mot vient indiscutablement de la religion. Le souvenir de mon enfance catholique connote encore parfois le pardon dans ce sens restreint : « Car, si vous pardonnez aux hommes leurs fautes, votre Père céleste vous pardonnera aussi. Mais si vous ne pardonnez pas aux hommes, votre Père non plus ne pardonnera pas vos fautes[2]. »

Cette nécessité absolue de devoir passer par le pardon a très certainement dénaturé l'acte lui-même. Comme je l'ai évoqué en introduction, le pardon est maintenant un blanc-seing à toutes les dérives comportementales.

Nous ne nous interrogeons que rarement sur ce mot et grande est la surprise lorsque, en séance, nous explorons des placards que les patients considéraient comme sans importance. Combien de fois ai-je entendu : « Ah ça ! oui bien sûr, je l'ai déjà pardonné ! »

Mais la couche de vernis ne résiste pas longtemps et le pastiche du pardon s'effondre laissant réapparaître toutes les questions auxquelles la personne n'avait pas souhaité répondre…

Mon quotidien consiste à défaire avec mon discours, tout ce qui peut contribuer de près ou de loin à un enfermement, à l'obliga-

---

[1] « Lâcher-prise avec Schopenhauer », Céline BELLOQ éditions Eyrolles, Quatrième tirage 2015

[2] L'évangile selon Saint Matthieu.

tion de suivre des dogmes religieux, philosophiques, scientifiques, sociétaux, familiaux, tribaux... et mêmes thérapeutiques !

Il n'y a pas d'autre réponse que la vôtre, et écrire cette phrase laisse supposer que je cherche à vous imposer mon dogme. Ce qui est le contraire de ma pensée.

Laissez-moi vous apporter la question et faites-vous confiance pour trouver votre réponse :

À qui devez-vous pardonner ?

À qui devons-nous pardonner ?

Commencez, avant d'aller plus loin dans votre questionnement, par vous défaire de ce que vous croyez savoir sur le pardon, en tant que délivrance religieuse.

Identifions les protagonistes et puis demandons-nous ce que signifie ou ne signifie pas pardonner.

Dois-je pardonner à l'autre ses mots, ses gestes qui m'ont blessé, ses fautes répréhensibles légalement ? Ou dois-je me pardonner à moi-même de m'être laissé submerger par les mots, les gestes ou les fautes de l'autre ?

Dois-je demander pardon aux autres de ne pas penser comme eux, de ne pas faire comme ils l'exigent, de sortir du rang ?

Concernant cette dernière question, ce qui me gêne dans l'idée acquise qu'il est nécessaire de demander pardon aux autres, c'est de sous-entendre qu'il existe une façon unique d'explorer ou de s'exprimer.

Nous sommes ici encore totalement liés à la religion et à la notion du Bien et du Mal : puisque je dévie du dogme et des normes, il est incontournable que je paye mes fautes...

Pour moi, ce pardon-là n'a aucun sens et reflète une non-maîtrise de nos choix.

Bien sûr, mon propos est corrélé au respect de la liberté de l'autre.

Reste donc le choix de se pardonner soi, face aux autres ou de pardonner les autres face à soi-même...

Les avis s'opposent, identiquement recevables de part et d'autre. Je rencontre au cabinet des partisans du pardon aux autres et du pardon à soi-même. Mais tous semblent avancer à cloche-pied… jusqu'à comprendre qu'il serait peut-être tant de remplacer « ou » par « et »…

Réinventer le pardon…

Afin de guérir les blessures du cœur et de l'âme, il faudra donc passer par le pardon aux autres **et** le pardon à soi-même. Il n'y a certainement pas d'ordre à respecter même si le pardon à soi demeure souvent le plus difficile à réaliser.

Dans le fond, quelle différence existe-t-il entre l'acceptation, le détachement et le pardon ? Je donne à l'acceptation ce mouvement vers le centre, vers le soi et au détachement le mouvement inverse. Je crois que le pardon pourrait être considéré comme le moteur de ces mouvements, quelle qu'en soit la direction…

Pardonner aux autres se relie à l'acceptation, tandis que se pardonner à soi accompagne le détachement.

Le pardon correspond pour moi à cette énergie invisible qui motorise votre mouvement de transformation intérieure, sans que vous ayez conscience de son existence parfois (certains moteurs sont immensément silencieux…)

Bien sûr, je ne peux pas conclure ce sujet sans vous parler d'Olivier Clerc[1] et de son travail sur le sujet depuis une quinzaine d'années.

Dans son dernier livre, « peut-on tout pardonner ? », il donne des outils et des pistes de fonctionnement qui permettent de se réapproprier le pardon sous un jour nouveau, en comprenant que pardonner n'est ni humiliant, ni un signe de faiblesse, mais

---

[1] *Olivier Clerc, né en 1961, est un écrivain, formateur et conférencier franco-suisse, traducteur de formation, spécialiste du pardon et du développement personnel. Passionné de spiritualité, il est l'auteur de seize livres traduits dans une douzaine de langues. « Le Don du Pardon » (Éditions Trédaniel, 2010 ; best-seller traduit en 8 langues), relate sa rencontre avec Don Miguel Ruiz (notamment auteur des « Quatre Accords Toltèques »), dont il a traduit et publié tous les livres, et l'expérience fondatrice qu'il a vécue à ses côtés. Et « J'arrête de (me) juger », (Éditions Eyrolles), best-seller préfacé par Thierry Janssen. Depuis 2012, il forme des personnes à animer des Cercles de Pardon. Il en existe désormais plus d'une centaine repartis en France, aux Antilles, en Polynésie, en Nouvelle-Calédonie, en Belgique, au Luxembourg, à l'île Maurice, en Suisse et au Québec.*

aussi que pardonner n'excuse pas, ne cautionne pas et ne réconcilie pas forcément...

Je vous invite dans la mesure du possible à participer à un cercle de pardon[1]. Ce moment hors du temps pourrait vous atteindre de façon certaine...

C'est précisément lors de l'un de ces ateliers que j'ai compris cette place particulière qu'avait le pardon dans ma démarche thérapeutique et littéraire.

Lâcher les pouvoirs !

Avoir les capacités de dire, de communiquer, d'exposer qui vous êtes correspond aussi à une part importante du lâcher-prise. L'énergie que vous déployez pour maîtriser (ou tenter de maîtriser), l'image que vous diffusez auprès des autres et de vous-mêmes le démontre chaque jour.

Cette vérité de votre personnalité profonde demeure à l'abri dans un placard devant lequel vous superposez une somme d'artifices confortables et sécurisants. C'est pour le mental menteur l'assurance de jours paisibles...

Mais quand vous commencez avec bienveillance à déplacer et ôter un à un les chiens de garde installés devant la prison de vos peurs, alors commence le lâcher-prise.

Et un beau matin arrive l'envie d'écrire ou de crier « je ne suis pas responsable des autres ! »

Et vous comprenez combien cette phrase avait jusqu'alors une capacité de blocage bien supérieure à ce que vous pouviez imaginer.

S'interdire l'action, le changement ou simplement le bonheur au prétexte que cela peut nuire à l'autre ou en tous les cas influencer sa vie reflète une parfaite manipulation d'un mental menteur auquel tous les pouvoirs ont été abandonnés !

Pour sortir du paradoxe de croire à la fois à votre indispensable utilité pour les autres et qu'eux-mêmes ne peuvent pas vous influencer, il faut ce regard sans complaisance sur vous-même.

---

[1] *http://www.lesvoiesdupardon.com/cerclesdepardon/participer/*

Lâcher prise, c'est aussi comprendre que vous n'avez pas de pouvoir sur les autres tout comme les autres n'en ont pas sur vous.

Et de toute façon, il y a déjà tellement à faire, rien que sur soi…

Des faux blocages !

Les ingrédients du lâcher-prise sont largement présents dans nos vies avant que l'on en prenne totalement conscience…

J'ai le souvenir de cette patiente qui lors d'une deuxième séance vient me voir avec cette phrase en tête : « je reste bloquée, figée et j'aimerais trouver ce qui pourrait m'extirper de cette situation. »

Je lui demande de me raconter ce qui s'est déroulé entre notre première séance et le moment où elle me parle.

Un mois s'est écoulé et je suis relativement surpris de son discours.

Elle me fait notamment part de plusieurs prises de conscience importantes liées à son passé, à ses rapports avec ses parents et à une demi-sœur décédée avant sa propre naissance.

Elle enchaîne avec des anecdotes de comportement au travail : « j'ai cessé d'agresser les gens quand je parle, car je n'ai plus peur de moi ! »

Je prends en note, en souriant de plus en plus largement devant ce flot de « bonnes nouvelles » la concernant. Pour quelqu'un qui se trouve bloquée, les changements sont déjà énormes ! Je finis par lui demander : « pouvez-vous me dire concrètement ce qui vous bloque ? Donnez-moi un exemple précis de situation. »

Son absence de réponse spontanée m'a permis d'enchaîner.

« Il n'existe plus aucun blocage. Mais la peur de vivre pleinement votre vie, selon vos critères, même si vous en avez une envie folle, vous angoisse. Alors vous restez dans votre fonctionnement habituel, celui que vous avez patiemment construit depuis cinquante ans et qui vous procurait la sensation de sécurité indispensable. Avoir été bloquée a été l'alibi parfait pour ne pas vous intéresser à vous. Alors votre mental menteur essaye une dernière fois de vous le resservir… et de fait, vous ne voyez pas que vos actes, vos paroles, vos désirs sont totalement dépourvus de blocage ! »

Le lâcher-prise grandit souvent des semaines ou des mois avant que vous vous autorisiez à dire « je commence ».

C'est une des raisons des changements « fulgurants » qui peuvent se produire lors d'une toute petite séance d'une heure, qui aura simplement aidé à trouver l'interrupteur...

Lâcher la pression

Vous voilà enfin prêt, après un long travail de prise de conscience. Vous êtes maintenant en mesure de lâcher-prise et vous allez œuvrer dans ce sens pour y arriver.

Des années que vous attendez ce moment, vous n'allez plus perdre une seconde. Vous projetez même de mettre les bouchées doubles.

Et comme vous en avez l'habitude, vous foncez tête baissée dans l'exercice quotidien de cette nouvelle pratique.

« Lâcher-prise à tout va ! Je dois m'écouter ! Je n'ai plus peur de moi ! Je ne suis plus responsable des autres ! Je sais qui je suis ! Je n'ai plus peur de ce que je suis ! Je respire ! Je suis zen ! Je médite ! Je suis en harmonie ! J'aligne mes chakras ! Je fais du yoga ! Des week-ends de sophrologie ! Des vacances dans un monastère !... » Et je frise le burn-out du bien-être parce que je n'ai plus une minute pour moi !

Vous pensez que je suis en train de forcer le trait et que c'est un peu caricatural mon affaire... Détrompez-vous. Il y a déjà plusieurs années qu'Alexandre Jollien[1] a écrit qu'il « fallait lâcher le lâcher-prise » et plus récemment Fabrice Midal[2] nous conjure de nous « foutre la paix ! »

Parce que cette quête absolue et sans mesure ne conduit nulle part. Le lâcher-prise ne se consomme pas.

Je considère même que le simple fait d'avoir l'intention de lâcher-prise suffira à faire capoter vos projets.

Le meilleur moyen d'y parvenir est de laisser agir...

---

[1] *Alexandre Jollien est un philosophe et écrivain suisse. Il est l'auteur d'une petite dizaine de livres, dont le « Petit traité de l'abandon » en 2012.*

[2] *Fabrice Midal est l'un des principaux enseignants de méditation en France, il est le fondateur de l'Ecole occidentale de méditation. Son dernier livre : « foutez-vous la paix ! Et commencez à vivre. » Edition Flammarion 2017*

Laisser agir

Simplement, laisser agir.

Cela ne veut pas dire que vous allez rester sur le bas-côté de la route sans bouger.

Si je reprends la métaphore de la voiture que nous avons évoquée au chapitre cinq, laisser agir veut dire que vous êtes au volant du véhicule, que vous prenez les décisions en conscience pour piloter et l'objectif (la destination) est enregistré dans le GPS.

« Laisser agir » veut dire que vous êtes attentif aux indications et aux intuitions qu'elles procurent en vous. L'indication du village étape associée à l'intuition de vous y arrêter, provoquera en vous et en conscience, le détour par ce chemin…

« Laisser agir » veut dire que le chemin parcouru ne ressemblera pas à une ligne droite.

« Laisser agir » veut dire que vous laisserez de côté tous vos a priori, vos croyances, tous les impératifs dictés par le mental menteur.

« Laisser agir » remplira votre instant présent, comme toutes ces fois où vous êtes allé sans entrain, sans envie ou à contre-cœur à un évènement et que vous avez passé, contre toute attente, un moment inoubliable…

12 Prendre soin de soi-même

« Chaque fois que vous êtes tentés de réagir avec les mêmes vieilles habitudes, demandez-vous si vous voulez être prisonnier du passé ou un pionnier de l'avenir. Le passé est fermé et limité, l'avenir est ouvert et libère. »

Deepak Chopra

Réveiller la dormance

L'envie de prendre soin de vous, vous est donnée à la naissance. Je vous accorde que pour certains, cette évidence est loin d'en être une et qu'il est difficile pour eux de se rappeler où ils ont bien pu ranger « ce truc » !

Je vous assure pourtant que cette petite graine attend patiemment au fond de votre ventre. Elle patiente en dormance et comme pour la graine de carotte, elle attend que toutes les conditions soient réunies. En fait, elle attend surtout que vous lui donniez le top départ…

Lorsque vous commencerez à prendre soin de vous, vous comprendrez alors combien vous vous étiez négligé jusque là, et ce, avec une application minutieuse et quasi systématique.

Je vous livre pour exemple l'histoire d'une patiente qui vient me voir et qui m'annonce pendant l'anamnèse : « J'ai une résistance à la douleur immense, je ne m'écoute pas, je n'existe pas vraiment ! »

Puis elle me sort, comme d'un chapeau : « il y a un truc qu'il me semble important à vous dire : avant moi, il y a eu une autre fille qui est morte à quelques jours. Et je suis née deux ans plus tard presque à la même date. Je porte son prénom. Mais on ne parle pas de ça en famille ! »

Elle me parle aussi de toutes ses tentatives pour aller mieux, mais qui n'ont jamais abouti. Elle ne les sabote pas, non. Elle s'en détourne juste comme si ce n'était pas encore l'heure.

Bien sûr, elle a compris que son passé avait un lien avec son mal-être.

« J'ai envie d'être apaisée », me dit-elle. « J'ai envie et besoin que quelqu'un m'accompagne dans ce travail que j'ai à faire sur moi. Et maintenant, c'est le bon moment ! »

Attention chantier !

Quand vous regardez un tableau dans un musée ou une sculpture dans le parc d'une ville, une cathédrale, ou même un paysage sauvage au bout du monde, vous êtes envahi, comblé par la beauté, l'énergie, l'harmonie qui peut s'en dégager.

Entre le moment où le peintre prend une toile dans ses mains et celui où elle sera exposée sur un mur, il se passe nécessairement du temps (peu importe cette durée d'ailleurs). Dans son cerveau, dans sa conscience de peintre, l'objectif final, le dessein vers lequel il chemine se caractérise comme la cible à atteindre, en tous les cas en grande partie.

C'est la même chose pour les architectes, les sculpteurs et tous ceux qui fabriquent, qui créent.

Si vous regardez le travail en cours d'élaboration, vous ne verrez certainement rien d'autre qu'un tas de pierres, des brouillons, des lignes mélangées sans cohérence apparente. En bref : un objet sans intérêt. Le cocon éblouit moins que le papillon. C'est pourtant une étape indispensable.

Vous êtes cet artiste, ce peintre, cet architecte de vous-même. Et réaliser l'œuvre de prendre soin de vous ne se concrétisera pas de manière miraculeuse. Vous ne vous transformerez pas uniquement en prenant conscience que ce serait bien de le faire.

Le chantier à mettre en place peut s'avérer long, court, fulgurant, difficile, ou un peu moins. Mais ne perdez pas de vue que la réalisation, la construction, le travail demeure nécessaire pour devenir…

Pour devenir un chêne centenaire, le jeune plant a eu besoin de soin, de protection et de temps. Alors, ne piétinez pas vos rêves!

Prenez soin de respirer

Il n'existe pas de recettes toutes faites ni de posologie à respecter pour prendre soin de vous. Cependant, pour établir l'ordre qui va suivre je m'appuie sur l'exemple que nous donne la nature à propos de nous-mêmes.

Puisque nous avons officialisé notre arrivée au monde en commençant par cette première respiration mêlée au cri primal, je voudrais démarrer avec ce sujet majeur : respirer.

Respirer.

Prendre l'air.

Il n'est pas nécessaire d'épiloguer longuement. Il vous revient facilement en mémoire des moments où cette respiration salvatrice vous a sorti de situations compliquées, de tensions insupportables. Il se peut même que vous veniez d'effectuer une profonde expiration comme pour purger une nouvelle fois ce souvenir étouffant.

Combien de fois dans une journée, respirez-vous en conscience, c'est-à-dire en savourant l'air qui entre, qui apporte l'air neuf des possibles, puis qui ressort et qui emporte ce qui n'a plus de raison d'être ?

Combien auront l'honnêteté de répondre « jamais » ou « presque jamais » ?

Peu importe comment vous vous y prendrez pour vous réapproprier cette conscience de respirer. Entre nous, il n'est sûrement pas nécessaire de dépenser des fortunes pour cela. Vous vous êtes très bien débrouillé la première fois. Faites-vous confiance !

Respirez en conscience et ayez conscience de ce que vous respirez, mais aussi des univers dans lesquels vous vous enfermez, des ambiances pourries dans lesquelles vous vivez, dans lesquelles vous manquez d'air…

Emplissez et désemplissez à plein vos poumons !

Mangez ce que vous êtes !

Lorsque vous êtes né, vous alimenter a été votre deuxième préoccupation. C'est ce que vous avez fait si l'on vous a délicatement posé sur le ventre maternel et que vous êtes allé quérir le colostrum au sein de votre mère.

En tous cas, c'est ainsi que commence la vie de tous les mammifères.

Quand je demande en séance à mes patients ce que représente l'acte de manger, les réponses majoritaires disent que c'est par plaisir et dans un but convivial, puis que cela permet de se remplir pour compenser, plus rarement que c'est une perte de temps et exceptionnellement que c'est seulement une nécessité.

Je crois qu'il est important que vous vous interrogiez régulièrement sur cette question. Elle est déterminante dans votre relation à vous-même.

Je ne vais pas annoncer ici, ce qu'il vous faut manger, ni comment faire pour perdre ou gagner du poids et encore moins quels régimes ou modes alimentaires seraient le plus à même de vous convenir !

Mon unique recette s'élabore sur du bon sens, de la curiosité et de l'investigation. Dans cette démarche je me sens proche des travaux et du discours de Gilles Lartigot[1].

Comprendre comment votre corps fonctionne est le remède contre le point de vue archaïque qui dit « que tout fait ventre ! » Non, votre ventre n'est pas un incinérateur qui en brûlant des calories fait avancer la machine !

Investiguez toutes les « belles histoires » alimentaires et vous trouverez sûrement des raisons à la multiplication des intolérances et des allergies.

Quelques mots également sur l'eau qui est un des éléments les plus représentés sur notre planète, dans notre corps, dans l'air, les plantes… Il y a aujourd'hui des enfants qui n'en boivent jamais. Je ne parle pas ici d'enfants qui subissent la sécheresse, mais ceux qui sont victimes de l'industrie alimentaire et du marketing hyper agressif…

Je ne saurais trop vous conseiller de vous réapproprier votre nourriture terrestre…

Dormez votre compte !

Dans la suite logique de la respiration et de l'alimentation arrivent les besoins physiologiques, maîtrisés directement ou non : élimination, maintien de la température du corps, activité musculaire et sommeil. Arrêtons-nous sur ce dernier point.

Si je vous demande ce qui vous réveille le matin, il y a de fortes chances que vous me répondiez : un réveil justement ! Le vieux à piles, l'autoréveil et ses fameux chiffres rouges, ou pire encore : votre portable.

Bref, tout à coup un son, une sonnerie, les infos ou un enfant qui pleure ou qui appelle vous tirent brusquement de votre sommeil. Et la journée doit commencer vaille que vaille !

---

[1] *Gilles Lartigot est l'auteur de « EAT : Chroniques d'un fauve dans la jungle alimentaire » les Editions Winterfields (2013)*

Je vous repose alors la question : savez-vous ce qui vous réveille le matin ? Normalement, cela devrait être votre hypothalamus ! Ou plus exactement, le signal des premiers rayons de lumière de l'aube naissante captée par votre œil (même si les paupières sont closes) transmis à l'hypothalamus. À la condition de ne pas dormir dans le noir complet !

Et ce message dit : « Coucou, l'aube est en train d'arriver, il va falloir que tu sortes doucement de ton rêve, et tu te réveilles lentement pour commencer une nouvelle journée en pleine forme ! »

Ce signal capté par notre cerveau émotionnel correspond à des millions d'années d'évolution. C'est juste une réalité physiologique.

Puisque nos rythmes de vie ne s'adaptent plus aux saisons, redonnons à notre hypothalamus le privilège de nous réveiller.

Si vous ne pouvez pas vous réveiller à la bonne heure naturellement alors offrez-vous un simulateur d'aube. La lumière éclairera votre chambre lentement ; de trente minutes à une heure pour passer du noir au jour…

Et le soir, pour vous endormir il est bon de lâcher les écrans au minimum une heure avant votre heure normale d'endormissement. Comment voulez-vous que votre cerveau comprenne que cela va être l'heure du repos si vous le sollicitez visuellement avec les images de la télévision ou de votre smartphone ?

Essayez également de faire des mini-siestes et surtout reposez-vous quand vous sentez que votre corps le demande…

Vous tenir en sécurité

Pour moi, le besoin qui arrive ensuite est celui de sécurité. Dans la réalité de votre vie, il ne se trouve peut-être pas à cette place-là et c'est vraisemblablement pour cette raison qu'il y a une quête de mieux-être.

Si vous ne ressentez pas la sécurité, vous avez peur. Et si vous avez peur, la plupart de vos envies de changement resteront bloquées.

C'est souvent cette peur qui construit notre conception faussée du monde. C'est elle qui ferme les esprits et resserre les parenthèses du champ des possibles.

Plus vous fermez, moins vous découvrez et plus vous avez peur. L'enchaînement est implacable !

Alors pour reconquérir ce besoin de sécurité, prenez le temps d'identifier ce qui vous rassure, ce qui vous apaise : les lieux ou même les emplacements précis où sans raison apparente vous vous sentez bien ou mieux.

Surtout, n'oubliez pas que ce besoin n'est pas virtuel. Ce n'est donc pas votre mental qui pourra vous soutenir, mais seulement votre corps. Ce n'est pas une sensation qu'il faut mettre en sécurité avec du blabla, non, c'est vous, ici et maintenant qui avez besoin d'un environnement sécurisant avec des éléments concrets pour y arriver.

Ainsi, si besoin modifiez votre place à table, le sens de votre lit dans la chambre, le type de vêtement que vous portez, etc.

Faites-vous confiance. Qui d'autre mieux que vous pourrait être votre guide ? Établissez le dialogue avec vous-même et laissez cette porte entrouverte : elle sera comme pour les enfants votre veilleuse de nuit…

Identifier les blessures

Pour vous aider à surmonter vos peurs et soulager votre sensation d'insécurité, vous pouvez également avoir un regard sur votre blessure intérieure. Je fais bien sûr référence au travail de Lise Bourbeau[1] et à l'identification des cinq blessures de l'enfance qui empêchent d'être soi.

Je vous recommande la lecture de son livre si vous n'êtes pas parvenu à identifier ce qui revient en boucle dans votre vie et qui vous fait trébucher toujours au même endroit.

Pour elle, il existe cinq blessures différentes : le rejet, l'abandon, l'humiliation, l'injustice et la trahison.

---

[1] *Lise Bourbeau a débuté sa carrière dans le domaine de la vente en 1966. En 1987, elle écrit son premier livre intitulé « Écoute Ton Corps, ton plus grand ami sur la Terre » et fonde sa propre maison d'édition, Les Éditions E.T.C. Depuis 1982, elle a donné plusieurs milliers de conférences et ateliers et a participé à plusieurs centaines d'entrevues radiophoniques et télévisées. « Les cinq blessures qui empêchent d'être soi-même » 2013 s'est vendu à près d'un million d'exemplaires à travers le monde !*

Une seule de ces blessures peut clairement se détacher dans votre histoire mais vous pourrez également avoir la sensation d'un effet cocktail mélangeant plusieurs d'entre elles.

Connaître avec précision ce qui réveille un inconfort viscéral, vous permettra d'essayer de ne plus replonger systématiquement dans les boucles émotionnelles et comportementales que nous avons identifiées précédemment.

Ainsi, comprendre, pour nommer votre ressenti et éclairer des zones d'ombre permet dans un premier temps de dompter votre peur et d'apprendre à gérer vos réactions.

Plus vous vous connaîtrez intérieurement et moins vous aurez peur…

Prenez conscience de vos forces pour affronter le sentiment **d'abandon**.

N'hésitez pas à prendre votre place pour atténuer la sensation **de rejet**.

Respectez vos limites et vous diminuerez l'impression **d'injustice**.

Apprenez à vous faire confiance pour guérir du sentiment **de trahison**.

Enfin, donnez-vous le droit d'exister pour contrer l'impression **d'humiliation**.

Le besoin des autres…

Pour clore cette énumération des besoins fondamentaux, regardons de plus près celui qui concerne le lien social. Pour moi, c'est en sécurité que vous pourrez obtenir des attachements épanouissants, mais ceux-ci peuvent exister tout de même sans sécurité, nous en avons parlé.

Alors qu'allons-nous ranger dans cette catégorie ? Pour répondre à cela, je vais faire une pirouette et écrire que ce besoin pourrait également être décrit comme celui de l'autre, des autres !

Vaste sujet, n'est-ce pas ?

Nous revoilà presque à la case départ… Nous avons identifié qu'il nous fallait apprendre à vivre notre unicité, notre individuation et j'écris que vous avez le besoin fondamental de l'autre !

C'est un peu mettre le loup dans la bergerie, j'en conviens.

Il n'y a pourtant pas d'autre chemin.

J'insiste encore sur l'importance de prendre soin de vous, en commençant par toutes les bases que nous venons d'évoquer. D'expérience, je peux vous dire que vous franchirez plus facilement un col de montagne en chaussures hautes qu'en petites sandales de plage. Je ne dis pas que vous n'y arriverez pas, mais avouez que la tâche sera moins aisée.

Il va donc falloir ré-apprendre votre besoin de l'autre, des autres à mesure que vous avancerez dans la découverte de votre propre fonctionnement.

Quelle belle aventure va s'écrire devant vous maintenant que votre sac, délesté de ses poids (grâce au travail patiemment accompli), ne contient plus que celui de votre présent ?

Le battement de la force vitale

Pour vous aider à prendre soin de vous, je voudrais vous faire part d'une expérience qui devrait vous procurer une intense satisfaction.

Avez-vous déjà entendu votre cœur ? Il arrive parfois que nous sentions ses battements dans nos oreilles ou dans la tête, mais cela reste ponctuel et non maîtrisable…

Sans instrument, l'exercice est compliqué. Pour les bricoleurs, il vous faut vous munir d'un entonnoir. Le plus petit de la gamme fera parfaitement l'affaire. Vous avez également besoin d'environ cinquante centimètres de tuyau en plastique alimentaire d'un diamètre de 8 à 10 mm. (Le tuyau doit s'adapter à l'extrémité de votre entonnoir, soit par l'intérieur, soit pas l'extérieur.) Si ce cours de travail manuel vous fait peur, alors direction la pharmacie pour l'achat d'un stéthoscope !

Installez-vous au calme et laissez-vous emporter par la magie du battement de votre force vitale… Vous allez toucher des oreilles le moteur de votre existence, ce rythme particulier propre à vous-même, reconnaissable comme une signature.

Aucun cœur ne bat de la même manière. Pour vous en convaincre, demandez à vos proches l'autorisation d'écouter leur cœur, avec ou sans instrument (l'oreille collée à la poitrine fonctionne aussi très bien).

Tantôt fort et marqué comme un tambour de chaman, tantôt effacé, tantôt galopant, tantôt chantant, ce ronronnement devient le dialogue du corps vers l'esprit-conscient*.
Écouter la musique de votre cœur décuplera votre énergie vitale. L'entendre la rendra précieuse, alchimique.
Vous avez la force en vous…

Le lien permanent

Pour prendre conscience, pour prendre soin de vous, apprenez à ne pas perdre le contact avec tous les petits signaux fraîchement réactivés.
L'écueil à éviter est de croire que vous avez définitivement compris le message et d'entreprendre le voyage intérieur en cessant toute nouvelle écoute de vous-même !
Prendre soin de soi nécessite cette pratique quotidienne de la captation des signaux de votre corps, de votre mental et de votre esprit-conscient.
Il est important d'établir ce dialogue le plus sincèrement possible en contournant toutes les complaisances. Ce lien permanent doit se consolider à chaque instant.
Ce n'est pas parce que vous n'écoutez plus votre cœur qu'il a cessé de battre…

« Je vais mal, donc je suis ! »

Je voudrais avant de terminer ce chapitre prendre le temps de parler d'une petite catégorie de patients que j'appelle les : « je vais mal, donc je suis ! »
Ils sont des consommateurs de soins et de thérapeutes. En général, ils connaissent l'ensemble des dernières techniques à la mode, ont écumé tout ce qui se pratique dans une ville, voire dans une région et sont à l'affût du petit nouveau qui vient de s'installer. L'exemple de M. est significatif.
M. commence son approche au téléphone moins de six mois après mon installation. Elle ne me dit pas très clairement ce dont elle souffre, mais me demande d'emblée si je peux la guérir !
Dans un premier temps, j'imagine qu'il peut s'agir d'un piège pour me faire dire ce que je ne dois pas. Le b.a.-ba du théra-

peute holistique : « tu ne soignes pas, tu ne guéris pas, tu ne diagnostiques rien ! » La loi est ainsi faite...

Je lui explique qu'il m'est difficile de répondre à sa question sans l'avoir rencontrée, qu'elle doit m'exposer un peu plus les raisons de son appel. Je sens qu'elle pose sur notre rendez-vous une pression immense. Je lui détaille ma démarche et les techniques que je serai amené à utiliser.

Rendez-vous est finalement pris.

Durant toute la séance, M. n'aura de cesse de me demander si je serai capable de l'aider. Je décèle chez elle que tout son environnement est construit autour du principe qu'elle ne va pas bien, depuis le début de sa vie. Je lui dis donc avec calme et délicatesse que son mode de fonctionnement fait qu'elle n'existe **que** parce qu'elle ne va pas bien, que son entourage ne peut pas la voir autrement. Et qu'elle n'a donc aucun intérêt à changer cela.

Bien sûr, elle met dans la balance tous ces symptômes qui lui pourrissent la vie et finalement me dit mon incapacité à l'aider, comme tous les autres d'ailleurs...

Quelques jours après la séance, j'ai reçois un mail disant en substance que je ne peux pas avoir raison, qu'elle ne fonctionne pas de la sorte. Et tout en continuant à me réclamer de l'aide, elle refuse d'entendre mes mots, son mental menteur ayant pour stratégie de lui faire croire que c'est l'autre qui peut lui venir en aide. En l'état, il est impensable pour elle que quoi que ce soit puisse venir d'elle-même…

Par respect pour les rythmes de chacun, je n'ai pas insisté et n'ai plus eu de nouvelles de M.

Le sentier le plus difficile…

A priori, il semble très difficile d'imaginer que ces personnes puissent prendre soin d'elles. Comment dépasser le « de toute façon vous ne pouvez rien pour moi ! » ?

Quand je leur pose la question « mais quel intérêt auriez-vous à aller mieux ? », je sens immédiatement l'énergie de l'enfant qui vient de se faire prendre les doigts dans le pot de confiture et qui se dit : « je croyais que personne ne me voyait ! » Et le sentiment de honte n'est jamais loin…

J'ai remarqué quatre niveaux de réactions possibles chez ces personnes :

– La vexation : la séance se termine et le patient ne revient jamais (confirmant ainsi son mode de fonctionnement)

– L'indignation : « mais comment vous pouvez dire cela, mes symptômes sont tellement désagréables… »

– L'interrogation : la prise de conscience n'est pas facile et changer de comportement l'est encore moins.

– La révélation : C'est rare, mais parfois cette percussion peut radicalement faire changer le patient.

Mais quel que soit le palier atteint, la phrase que je laisse en suspens est : « vous êtes en capacité de trouver en vous une manière d'exister sans maladie ni mal-être… »

Déconstruire un fonctionnement pour prendre soin de soi-même sera un sentier difficile. Mais les endroits par lesquels il vous mènera seront d'une richesse infinie, croyez-moi.

D'amour, comme on respire

Prendre soin de soi…

Pour tenir cette position bien davantage qu'une posture, il y a un ciment dont nous n'avons pas encore parlé ni prononcé le mot, mais qui est présent partout autour de nous.

Je veux bien sûr parler de l'Amour (et j'y adjoins une majuscule !)

« Il n'y a pas d'amour, il n'y a que des preuves d'amour » a écrit Pierre Reverdy[1].

L'Amour est comme l'air qu'on respire, il ne le fabrique pas. Il ne se révèle que lorsque nous sommes parfaitement dans le moment présent. Il se dévoile lorsque l'on prend le temps de regarder. Il vibre lorsque nous l'écoutons avec attention. L'Amour est partout, constant. Mais notre conscience de son existence fonctionne trop souvent en pointillé…

Prendre soin de vous révélera l'Amour qui existe en vous et autour de vous.

---

[1] *Pierre Reverdy, né en 1889 à Narbonne et mort le 17 juin 1960 à Solesmes, est un poète français associé au cubisme et aux débuts du surréalisme. Il a eu une influence notable sur la poésie moderne de langue française.*

Oubliez les attentes et vivez le don de soi comme la plus belle manière de ne rien maîtriser en laissant agir.

Soyez seulement ouvert et laissez cet Amour virevolter comme l'abeille dans le champ des fleurs du possible...

13 La conscience en éveil

« Choix et conscience sont une seule et même chose. »

Jean-Paul Sartre

« La conscience est un instrument de précision d'une sensibilité extrême. »

Victor Hugo

Redéfinir la conscience

« *Heureux les pauvres en esprit, car le royaume des cieux est à eux[1] !* »

L'expression « pauvre en esprit » désigne « *selon toute vraisemblance, ceux qui ont l'esprit d'humilité, qui sentent leur pauvreté spirituelle, les humbles[2]* ».

Cette citation a été largement utilisée et maintes fois transformée à bien mauvais escient en « bienheureux les imbéciles » ou « imbéciles heureux », pour ne mentionner que ces tournures.

Les raccourcis de la mémoire collective donnent à penser qu'il est plus sage de rester humble et ne pas s'encombrer de conscience.

L'humilité prévaut face à « ceux qui savent », à ceux qui ont accès à cette conscience, avec par ordre d'apparition au générique : les hommes d'Église, les notables (médecins, notaires, banquiers...), les scientifiques et aujourd'hui les médias par l'intermédiaire des multinationales qui les dirigent. Rappelez-vous de la phrase de Le Lay qu'il est président de TF1 : « Le temps de cerveau humain disponible ».

Juvénal[3] ne disait rien d'autre deux mille ans plus tôt avec son célèbre panem et circenses[4].

Il semble que tout nous exhorte à ne pas nous préoccuper de conscience, au sens premier du terme, c'est-à-dire : la « *connaissance, intuitive ou réflexive immédiate, que chacun a de*

---

[1] *Evangile selon Matthieu, « le sermon de la montagne »*

[2] *Version d'étude la NBS (Nouvelle bible Segond) éditions Société Biblique Française (2002)*

[3] *Poète satirique latin de la fin du Ier siècle et du début du IIe siècle après Jésus-Christ. Il est l'auteur de seize œuvres poétiques rassemblées dans un livre unique et composées entre 90 et 127 : « les Satires. »*

[4] *« Du pain et des jeux du cirque »*

son existence et de celle du monde extérieur[1] », la « *représentation mentale claire de l'existence[2].* »

En revanche, puisque depuis deux mille ans, la conscience n'est pas à la portée des hommes simples, la définition du mot s'est naturellement transformée pour donner ce deuxième sens qui peut davantage parler à chacun.

« *Faculté qui pousse à porter un jugement de valeur sur ses propres actes ; sens moral ; sens du devoir[3].* »

Au lieu de regarder le monde dans sa globalité, les « imbéciles heureux » n'ont d'autre choix que de se juger en comparant leurs valeurs aux dogmes et aux normes imposés…

En dévoilant ces deux définitions, je me dis qu'il est temps de réapprendre à avoir conscience.

Laissez-moi penser pour vous…

Il est sûrement facile de dire que la conscience vous échappe du fait de tiers malveillants.

Je ne nie pas le fait que l'énergie et les moyens dépensés dans la communication du discours sont habituellement plus importants que la signification du discours lui-même. Aujourd'hui, la forme prime sur le fond !

Mais jusqu'à preuve du contraire, vous êtes libres de vous questionner sur la « nourriture » mise à votre disposition.

Est-ce que s'interroger est normal ? Je le demande parce que j'entends très souvent : « mais tu te poses trop de questions ! » sous-entendant que je serais plus heureux si je ne le faisais pas !

J'ai l'impression qu'il est mal vu de penser différemment. Si vous vous interrogez sur les évènements du monde et que vous vous questionnez sur les versions officielles, en moins de temps qu'il ne faut pour l'écrire, vous deviendrez complotiste !

La tendance est de dire : « prends ce que j'ai considéré pour toi, je te rends ce service ! Fais-moi confiance ! »

---

[1] *Grand usuel Larousse*

[2] *idem*

[3] *idem*

Et au-delà de l'absence de conscience, nous allons vers l'absence de pensée individuelle.

En ce qui concerne la santé et le mieux-être, les choses sont identiques.

Nous finissons par croire que la solution nous sera donnée par tel médicament ou telle nouvelle thérapie alternative à la mode ! L'appropriation de la santé par de grands groupes comme Google peut faire peur. Mais n'oubliez jamais que rien ne pourra fonctionner sans votre complicité consciente !

Les différents états de conscience

La volonté de ranger les choses dans des cases provoque l'obligation de se comparer continuellement avec chacune d'elles. La conscience elle-même n'y échappe pas !

Quand nous en parlons, les classifications proposées sont nombreuses. Alors en réalité, comment pouvoir les définir avec précision ?

Chacun situe le niveau de sa conscience à l'endroit qui lui semble confortable. Prendre ou ne pas prendre conscience peut être un choix ou un non-choix dissimulé dans les fonctionnements de chacun.

Difficile ainsi, de trouver une norme à la conscience…

Pour compliquer davantage cet état de fait, certains phénomènes sont placés dans une catégorie encore plus complexe à appréhender et que l'on appelle « états modifiés de la conscience » (dits : EMC).

Dormir en est un ! Être dans la lune également ! Méditer ou être sous hypnose aussi !

La paranoïa est un état modifié de la conscience.

Comme si cela ne suffisait pas, un groupe supplémentaire existe : les EMC « non ordinaires[1] » dans lesquels sont présents les NDE*, OBE*, phénomènes énergétiques, les apparitions…

Comment faire le tri maintenant ? Et surtout pourquoi faire le tri ? Pourquoi vouloir comparer ?

---

[1] *« Etats modifiés de conscience : NDE, OBE et autres expériences aux frontières de l'esprit » Sylvie Déthiollaz et Claude-Charles Fourrier, édition Favre 2011*

Je ne vois pas d'autre explication que celle de mettre à la marge ce qui sort de la norme. Infantilisés, ridiculisés, décrédibilisés, tous ces retours d'expériences peinent à vivre et à se faire simplement entendre.

Ce qui me semble important c'est de vous départir de l'attentisme qui fige la vie en dehors de la réalité du présent. Reprenez contact avec votre conscience, refaites corps avec elle pour que cette réappropriation vous conduise à l'esprit-conscient*. C'est une clé essentielle dans votre cheminement vers le mieux-être.

■

Regardez attentivement cette page et décrivez en quelques lignes ce que vous voyez.

« Cogito[1] »

Combien d'entre vous auront utilisé les mots : « carré », « point », « noir » ou « centre » ? Une immense majorité, je suppose. Et pourquoi pas les mots : « page » et « blanche » ?
Savez-vous que ce carré noir occupe seulement 0,1 % de la page qui le contient ?
Alors pourquoi une feuille de papier représentant 99,9 % de ce que vous avez devant les yeux a moins d'importance que le 0,1 % du carré noir en son centre ?
Encore et toujours pour la même raison... Le cerveau focalise et veut ranger les informations dans les cases les plus facilement accessibles. Nous avons appris à prendre conscience du défaut, du détail.
La page blanche est invisible et cela n'a rien à voir avec sa couleur. Le même exercice sur fond bleu, rouge ou vert ne change pratiquement pas les résultats !
Avec un peu d'effort et d'attention vous pourriez même vous laisser aller à disserter plusieurs pages sur ce carré noir !

Je suis convaincu que l'esprit-conscient doit ouvrir notre vision du monde...ou peut-être est-ce le regard capable de tous les possibles qui pourra y arriver.
Mais il faut vraisemblablement sortir du mental menteur pour accéder à la conscience, à la pleine conscience.
Nous savons que le mental menteur fonctionne en dehors du présent alors que la conscience, par définition, ne s'appréhende que dans l'instant. D'autre part, nous ne pouvons pas, sur commande, arrêter d'être en présence ou même dire depuis combien de temps nous le sommes...
Il me vient à l'esprit la fameuse phrase de René Descartes : « Donc, si je doute, je pense, et si je pense, je suis ».
C'est le retour de la philosophie du « cogito ». Et c'est ce terme qu'il me semble important de mettre en opposition à celui du mental menteur.

---

[1] *Terme latin qui signifie, « je pense »*

La conscience collective

Lors de la tempête de la fin du siècle dernier (26 et 27 décembre 1999), de nombreux témoignages évoquent ce phénomène étrange de rassemblement d'animaux sauvages au milieu des clairières.

Le responsable du parc animalier de Thoiry raconte que tous les animaux de son établissement se sont rassemblés plusieurs minutes avant la tempête dans toutes les zones non boisées. Aucun d'entre eux n'a disparu malgré la violence des vents.

Des chasseurs vosgiens ont également fait état d'une situation insolite : dans la même clairière, ils ont aperçu cerfs, biches, chevreuils, sangliers et renards cohabitant pour se mettre à l'abri.

Tous ces animaux avaient-ils conscience d'un danger ? Savaient-ils que la tempête du siècle allait déferler sur eux ? Et qu'ils devaient quitter la forêt qui allait être entièrement renversée quelques minutes plus tard ?

Mais qu'avons-nous fait, nous homo sapiens, pour passer à côté de cette information ? Nous les animaux les plus avancés de la planète : qu'avons-nous fait de l'extraordinaire savoir accumulé précieusement de génération en génération, des bagages que nos ancêtres nous ont transmis ?

N'avons-nous plus de liens avec les énergies de l'univers ?

Notre conscience du monde extérieur et de notre existence en son sein a-t-elle définitivement disparu ?

Comment conserver intacte l'idée de la globalité du monde quand chaque jour le quotidien pousse à comparer ma réussite à celle de mon voisin ?

Sans cesse, nous nous jaugeons et nous réajustons les attentes qui en découlent. La conscience collective disparaît au profit de l'individualisme, avec les conséquences de malaise, mal-être et perte de sens déjà évoqués…

Et que dire de l'absence d'humilité qui va toujours grandissant ?

La reliance

Je ne suis pas en train de m'égarer ! Mais vous allez me demander quel est le rapport entre votre envie de Mieux-être et des animaux qui savent qu'un danger les guette.
À première vue la comparaison est fragile…
J'aimerais pourtant vous parler de « reliance ». Ne cherchez pas ce mot dans les dictionnaires, il n'y a pas fait son entrée.
Cela fait cependant plus d'un demi-siècle que des sociologues, des psychologues et des philosophes alimentent ce concept.
Puisqu'il n'y a toujours pas de définition officielle, laissez-moi vous expliquer ce que j'entends derrière ce mot.

Tout au long de ces pages, je me suis efforcé de mettre en lumière les liens qui nous unissent. Assembler, rassembler ce qui constitue les moments d'une vie…
Nous avons étudié le commencement*. Nous avons ouvert les yeux sur l'environnement. Nous avons découvert des réalités d'apprentissages surprenantes.
Nous avons voyagé dans les méandres du mental et de ses fonctionnements. Nous avons redécouvert le corps, ses capacités et son discours. Nous avons conceptualisé l'idée d'esprit-conscient.
Nous avons regardé avec envie l'invisible, les énergies, le temps, le vide, l'abondance, le libre arbitre…
Nous avons parlé de vous, encore et toujours en vous replaçant au centre.
Je n'ai eu de cesse de vous accompagner à prendre l'initiative de devenir acteur de votre vie. De faire. D'être vous-même.
La reliance correspond pour moi à cet acte de synthèse entre tous ces chapitres : le « cogito conscient », l'expérience intérieure réalisée vers l'extérieur, la prise de conscience de l'unicité qui nous associe à la globalité.
La reliance nous rattache à la conscience collective, à cette capacité de multiplier les sommes de chacun. Le fameux 1+1=3.

La question qui brûle les lèvres maintenant est de savoir si c'est la somme des consciences individuelles qui fait la conscience collective ou si nous allons puiser dans le flux d'une intelligence collective pour construire notre propre conscience…

Je n'ai pas de réponse, mais s'interroger sur cette question donne à penser que l'éveil n'est pas très loin…

Les arts divinatoires

En considérant que le questionnement entretient l'éveil, chercher des réponses à nos questions devient une activité de toutes les époques, de toutes les cultures.

Les arts divinatoires sont apparus en même temps que nos interrogations.

Mon propos ici n'est pas d'en faire une liste détaillée ni d'en privilégier un par rapport aux autres. Cependant, celui qui est arrivé jusqu'à nous en traversant plusieurs millénaires obtient la faveur de mon exemple. Le Yi King* ou Yi Jing* est d'une richesse immense, qui devient complexité absolue pour le néophyte en quête exclusive de prédictions de « bonne aventure ».

Pierre Faure[1], le spécialiste français de cet art est formel : « Le Yi Jing ne donne pas de réponses personnelles ! »

J'ajouterais qu'aucun art divinatoire ne devrait donner de réponses personnelles, mais seulement des lignes de force, des énergies, des tendances qu'il appartient à chacun de suivre ou de laisser filer. C'est ce qui les différencie de la voyance, au même titre que la recherche en conscience se distingue du déterminisme imposé !

L'astrologie et la numérologie vibratoire[2] permettent, elles aussi, d'éclairer, de renforcer, de confirmer ou au contraire de mettre en avant des interrogations de votre vie. Par exemple : est-ce que ce travail convient à mes besoins ? Et non pas : est-ce que je serai augmenté le mois prochain ?

Je suis convaincu que ces outils ont la capacité de nous relier en faisant des ponts entre le corps, le mental et l'esprit-conscient.

---

[1] *Pierre Faure est « tombé » dans le Yi Jing en 1973. Il est l'auteur de : « Yi Jing, le Livre des Changements » avec Cyrille Javary. Editions Albin Michel, 2002 et « Le Yi Jing par lui-même », Editions Alphée, 2006.*

[2] *Cette technique à été « mise au point » par Lucie Nolet, une thérapeute québécoise et m'a été transmise par Julien Vanhoucke, thérapeute français.*

Et cela n'a évidemment rien à voir avec les horoscopes distillés tous les jours ici ou là...

Le Post-it

Avant de clôturer ce livre, je vais partager un dernier exercice avec vous. Pour le réaliser, il vous faut un réfrigérateur et un bloc de Post-it ! Il est possible de remplacer le réfrigérateur par tout autre tableau d'affichage présent dans votre lieu de vie.

Vous allez écrire sur des Post-it ce que vous aimeriez obtenir dans votre vie, et les coller sur le réfrigérateur afin de les voir plusieurs fois par jour.

Vous êtes normalement à présent mieux armés contre les erreurs que votre mental menteur voudrait vous voir faire. Alors c'est le moment d'entrer en action, de faire, de montrer que vous avez repris les commandes du véhicule!

N'oubliez pas que la loi d'abondance est très précise et que ce n'est pas la même chose d'écrire « je souhaite changer de travail » que « Je souhaite identifier le travail qui me correspond » ou encore « Je passe chez Pôle Emploi consulter les offres de formations ».

De même, si vous n'êtes pas heureux dans votre couple ce ne sera pas la même chose d'écrire : « Je veux être heureux dans mon couple » que « Je respecte mon besoin d'indépendance » ou encore « Je souhaite de toutes mes forces que ma compagne change de comportement! »

L'exercice du Post-it n'est pas un exercice de voyance ni de suppositions d'exécutions possibles. Vous n'y inscrirez que des objectifs, des finalités. Attention aux attentes! Dans les deux exemples précédents, seules les deuxièmes phrases correspondent à la demande de l'exercice. Les premières sont trop vagues et n'engendreront aucun changement. Les troisièmes elles, sont des moyens et des attentes.

Ne cherchez pas à savoir comment vous allez parvenir à réaliser ce que vous écrivez ! Laissez seulement agir et vivez l'instant présent !

Assurez-vous simplement que ce rêve est bien le vôtre, même si celui-ci évolue dans le temps.

Remplir sa vie ?

Dans le livre d'or du cabinet, il y a de nombreux exemples de personnes qui ont changé rapidement, parfois radicalement de route. Les métiers alimentaires sont abandonnés, les relations de cohabitation totalement vides de sens sont délaissées sans peur. Le rêve d'enfance est écrit en gros sur un Post-it.
Il n'est plus question de savoir comment remplir sa vie, mais de se connecter avec soi-même, pour simplement se réaliser.
Est-ce que le bilan d'une vie se mesure en se demandant si nous l'avons réussie, si nous l'avons bien remplie ?
Remplir sa vie… Cette façon de voir les choses est étonnante. Avec quoi pouvons-nous le faire ? Quels ingrédients entrent dans ces critères de « remplissage » ? Les moments heureux, le bonheur, l'amour, les attentes assouvies, la réussite, l'argent en font-ils partie ?
Les enquêtes prouvent que les gagnants de toutes les loteries du monde ne deviennent pas plus heureux après avoir touché leur gain ! Au contraire !
Alors, pourquoi tenir à ce point au besoin de remplir sa vie ? Est-ce toujours la peur du jugement et du regard de l'autre qui nous pousse à agir de manière compulsive ?
La satisfaction et l'insatisfaction sont des sœurs ennemies qui passent leur temps à se voler la première place…

Avec la conscience en éveil, vous vous rendrez compte que remplir sa vie n'a pas de sens. Que ferez-vous de vos armoires et de vos placards débordants dans l'instant présent qui vient de s'écouler ? À quoi servent toutes vos richesses quand il est seulement question de quelques décimètres cubes d'air nécessaires dans vos poumons ?
Ne vous encombrez plus, puisque tout est déjà là…

Le survol du phénix

Le jour où vous aurez la sensation d'être à votre place et d'avoir écouté votre intuition profonde dans un cadre professionnel ou privé, je vous invite à ce moment précis, à prendre le temps de regarder le chemin que vous aurez parcouru. De la graine jusqu'à vous, du rêve sur le Post-it jusqu'à sa réalité.

Vous prendrez alors conscience d'un certain nombre d'étapes importantes. Des signes, des synchronicités, que vous aurez peut-être vus, mais qui n'auront pas trouvé une résonance suffisante en vous par le passé, mais qui prendront tous leurs sens aujourd'hui.

Si je regarde avec attention mon rêve d'enfance, je trouve sa signification de plus en plus aisée maintenant.

Pourtant la petite graine semée dans ma conscience d'enfant ne ressemblait à rien d'autre qu'à la description factuelle que j'en faisais très régulièrement.

Je me souviens du bonheur que j'avais au moment même où je commençais à rêver, où je savais que j'allais avoir cette sensation magique de « survoler le monde ». Et c'était tout…

Cette petite graine a grandi et m'a entraîné sur des chemins différents pour finalement me permettre de devenir quarante-sept ans plus tard celui qui regarde à l'intérieur de la vie des gens, qui prend la hauteur suffisante pour voir l'ensemble, qui cherche les liens et qui parle de globalité…

Le rêve de mon enfance ne me disait rien d'autre.

Le survol du phénix. Tout comme mon ventre m'a toujours dit que j'écrirai des livres…

Une certaine idée de la globalité

C'est l'heure du départ et je n'ai jamais aimé cela. Je suis un amoureux de l'instant présent, je ne peux donc pas aimer les fins, les arrêts, la matière à alimenter le passé.

En fait, je souhaite que la fin de ce livre soit pour vous le début d'une envie, d'un changement immense ou minuscule. Peu importe. Simplement quitter le temps des attentes et faire votre part comme le petit colibri sur l'épaule de Pierre Rabhi[1].

Un jour, dit la légende, il y eut un immense incendie de forêt. Tous les animaux terrifiés, atterrés, observaient impuissants le désastre. Seul le petit colibri s'activait, allant chercher quelques gouttes avec son bec pour les jeter sur le feu. Après un moment, le tatou, agacé par cette agitation dérisoire, lui dit : « Colibri ! Tu n'es pas fou ? Ce n'est pas avec ces gouttes d'eau que

---

[1] *Pierre Rabhi, né en 1938 à Kenadsa, en Algérie, est un essayiste, agriculteur bio, romancier et poète français, fondateur du mouvement « Colibris ».*

tu vas éteindre le feu ! » Et le colibri lui répondit : « Je le sais, mais je fais ma part ».

J'ai vaincu ma peur et ma honte de vous livrer mon idée de la médecine holistique. J'ai laissé mon esprit-conscient s'entendre avec l'invisible pour articuler ces treize chapitres et l'écriture de cette phrase en est un pur exemple… (Je laisse en suspens cette énigme…)
J'ai été régulièrement le premier spectateur de mon travail, et lentement j'ai appréhendé cette globalité qui définit parfaitement ce qui se cache derrière cette thérapie du Mieux-être. Je m'active et je vais chercher quelques mots dans mon bec pour les jeter sur le feu. Tant pis si mon agitation dérisoire agace… *« Je le sais, mais je fais ma part ».*

Et vous, quelle sera votre part ?

En refermant ce livre, vous ne couperez pas le lien que nous venons de déployer ensemble. Il restera présent.
J'avoue que cette perspective me nourrit.
Et si vous faisiez de ce lien une toile plus importante ? Et si vous décidiez de vaincre vos peurs, vos hontes, vos angoisses et partagiez avec vos proches le sujet qui vous a le plus touché ?
Ce serait un très bon moyen de commencer à entreprendre, à devenir, à mettre en sourdine ce mental menteur. À prendre en compte vos petits bobos corporels, à faire connaissance avec la grandeur de votre esprit-conscient, à regarder votre commencement, votre environnement ou vos apprentissages…

Si comme moi vous pensez que les mots soignent les maux alors les librairies sont comme des herboristeries. La qualité n'y est pas égale, mais dénicher l'élixir est toujours possible.
Dans cette belle perspective d'agir en conscience, offrez des livres comme des bouquets de fleurs médicinales, marquez les consciences aux huiles essentielles d'idées justes.
Puisse ce livre devenir le sachet de plantes précieuses que vous distribuerez avec amour.

La conscience en éveil

EPILOGUE

Écrire des livres qui racontent avec précision, avec justesse, quelles peuvent-être les clés pour se déployer ne suffit pas…
Lire des livres qui expliquent comment se déployer ne suffit pas…
Déployez-vous pour que l'histoire de votre vie se réalise.
Faites-le maintenant… C'est possible.

Nancy, le 12 juillet 2017

MERCI

J'aime à penser que les livres comme les hommes ont une « bonne fée » qui veille sur eux. Comme une marraine qui prend soin des petits détails et qui reste dans l'ombre pour s'assurer que tout fonctionne sans anicroche quand le bébé sort de son nid.

La bonne fée de ce livre s'appelle Christine et son travail de fourmi m'a été indispensable. Un merci du fond de mon être.

Comme ce livre est très gâté, Éva est sa deuxième marraine. Qu'elle soit ici remerciée pour sa contribution scientifique et sa veille thérapeutique.

Viennent ensuite toutes les relectrices et tous les relecteurs qui auront apporté leur petite touche et donné la patine finale à ce livre. Merci donc à Patricia, Faustine, Fabienne, Caroline, Cindy, Élisabeth, Sébastien, Pierre, Jérôme et François.

Merci à Adeline qui, après une lecture plus qu'attentive, me permettra de finaliser la réalisation de ce livre.

Merci aussi à cette force incroyable qui n'a jamais cessé de mettre et remettre les mots sur ma route depuis presque quarante ans. Elle seule n'a jamais baissé les bras et y a parfois cru davantage que moi !

Merci encore à mes patients pour leur confiance et l'envie qu'ils m'ont donnée de partager « notre » expérience.

Et enfin, merci à mes proches d'avoir supporté ma présence absente durant les longs mois de l'élaboration de ce projet.

GLOSSAIRE

Amygdale (l') : est un noyau situé en avant de l'hippocampe et sous le cortex péri-amygdalien. Elle fait partie du système limbique et est impliquée dans la reconnaissance et l'évaluation de la valence émotionnelle des stimuli sensoriels, dans l'apprentissage associatif et dans les réponses comportementales et végétatives associées (en particulier dans la peur et l'anxiété). L'amygdale fonctionnerait comme un système d'alerte et serait également impliquée dans la détection du plaisir.

Anamnèse : C'est « le récit des antécédents ». Lors d'une première consultation je prends le temps de me faire raconter par mon patient ses antécédents de santé, sa situation familiale, ses habitudes alimentaires, de sommeil, d'excès, ses peurs, ses envies, les raisons qui le ou la poussent à franchir ma porte. Ce petit parcours d'une quinzaine de minutes est indispensable pour faire connaissance et mettre en confiance pour la séance.

Boucles : ce terme m'est venu avec l'expérience du cabinet. Il caractérise une façon redondante de fonctionner, que ce soit dans la vie privée, professionnelle ou amoureuse. Les boucles ne disparaissent jamais totalement, mais au fur et à mesure du travail sur soi, elles perdent leur capacité d'inertie. C'est-à-dire que le processus d'alerte fonctionnera, mais ne sera pas suivi d'actions disproportionnées et inadéquates!

Cervelet (le) : est une structure de l'encéphale des vertébrés qui joue un rôle important dans le contrôle moteur. Il est également impliqué dans certaines fonctions cognitives, telles que l'attention, le langage et la régulation des réactions de peur et de plaisir. Le cervelet contribue à la coordination et à la synchronisation des gestes, ainsi qu'à la précision des mouvements.

Commencement : terme que j'utilise pour parler de la période d'une personne englobant les premiers moments de gestation de sa maman, la période in utero et les toutes premières années jusqu'aux premiers souvenirs conscients et verbalisés.

Constellations familiales : La méthode des constellations familiales est une méthode de thérapie familiale transgénérationnelle développée dans les années 1990 par Bert Hellinger, (ancien prêtre allemand devenu psychothérapeute) basée sur la mise au jour de l'inconscient familial par le biais de jeux de rôles et de psychodrames. Ceux-ci auraient le pouvoir de résoudre les conflits.

Danaïdes : Dans la mythologie grecque, les Danaïdes sont les cinquante filles du roi Danaos. Elles accompagnent leur père à Argos quand il fuit ses neveux, les cinquante fils de son frère Égyptos. Après avoir proposé une réconciliation, Les Danaïdes épousent leurs cousins et les mettent à mort le soir-même des noces sur l'ordre de leur père. Elles sont condamnées, aux Enfers, à remplir sans fin un tonneau troué.

Diverticulite : La diverticulite est le nom donné à l'inflammation des petites cavités (diverticules) des parois du côlon (appelé aussi le gros intestin).

Épigénome : L'épigénome étudié au travers de l'épigénétique régule l'activité des gènes en facilitant ou en empêchant leur expression. Elle est fondamentale car elle permet une lecture différente d'un même code génétique. Elle explique par exemple les différences pouvant exister chez des vrais jumeaux.

Esprit-conscient : Pour moi l'esprit-conscient est la face ensoleillée du mental. Le mental est menteur quand nous le laissons faire et devient l'esprit-conscient quand nous sommes dans l'action.

Étalon : En métrologie, un étalon est la matérialisation d'une grandeur donnée dont on connaît la valeur avec une grande exactitude. Par exemple le mètre-étalon ou une cale-étalon de 10 mm. Un étalon peut servir de modèle pour fabrique d'autres étalons de moindre exactitude ou des équipements de mesure de la même grandeur.

Géobiologie : discipline qui traite des relations de l'environnement, des constructions et du mode de vie avec le vivant, de l'ensemble des influences de l'environnement sur le vivant, et notamment des ondes liées aux champs magnétiques et électriques, courants d'eau souterrains, réseaux dit « géobiologiques », failles géologiques, etc.

Gestalt-thérapie : Gestalt vient du verbe allemand « gestalten » signifiant « mettre en forme, donner une structure ». Née dans les années cinquante aux Etats-Unis, elle est arrivée en Europe dans les années 70. S'inscrivant dans le courant de la psychologie humaniste, existentielle et relationnelle, la gestalt-thérapie vise à développer l'autonomie, la responsabilité et la créativité. Elle a de l'Homme une vision globale, holistique et favorise le dialogue constant entre pensées, émotions et sensations corporelles.

Hippocampe (l') : est une structure du cerveau des mammifères qui appartient notamment au système limbique et joue un rôle central dans la mémoire et la navigation spatiale. Comme le cortex avec lequel il est en étroite relation, c'est une structure paire, présente de manière symétrique dans chaque hémisphère, dont les deux parties sont reliées entre elles.

Hypothalamus (l') : est une structure du système nerveux central, située sur la face ventrale de l'encéphale. Cette partie du cerveau est constituée de plusieurs sous-structures, appelées noyaux. Ces noyaux sont des ensembles de neurones anatomiquement indépendants qui assurent diverses fonctions. L'une de ces fonctions les plus importantes est de réaliser la liaison entre le système nerveux et le système endocrinien par le biais d'une glande endocrine : l'hypophyse.

Inférence probabiliste ou inférence Bayésienne : l'inférence est une opération logique par laquelle on admet une proposition en vertu de sa liaison avec d'autres propositions déjà tenues pour vraies. L'inférence probabiliste accorde donc un degré de probabilité à une proposition, une action, un événement en liaison en fonction d'une autre proposition, action ou d'un événement. Elle est dite bayésienne, du nom de Thomas Bayes (1702-1761) qui le premier, travailla ce concept.

Invisible (l') : pour moi l'invisible regroupe tous les phénomènes liés au fonctionnement humain, animal, végétal et minéral mais que l'on ne voit pas ou qu'on ne peut prouver scientifiquement.

Liens transgénérationnels : transmission sur plusieurs générations, parfois lointaines, d'une « tâche inachevée » contenant ce qui est tenu secret, caché, non dit, non su. Il s'agit souvent un traumatisme ou d'un deuil non résolu, mais toujours actif.

Loi d'attraction ou loi d'abondance : La théorie derrière cette loi est que nous créons notre propre réalité et les évènements qui peuvent s'y dérouler.

Mémoire du corps ou mémoire corporelle (la) : elle agit sans le contrôle du cerveau, de manière autonome. Les nouvelles découvertes qui renforcent toujours davantage ce type de mémoire parlent de la mémoire du ventre, du cœur, de la peau, des muscles et plus généralement encore de la mémoire des cellules du corps. Une mère angoissée qui touche d'une certaine manière le bras de son enfant pendant plusieurs semaines, imprimera de manière durable à l'enfant que si on le touche à cet endroit et de cette façon, il va recevoir une bonne dose d'angoisse. Et ceci, même quand l'enfant sera devenu adulte… J'en sais quelque chose.

NDE ou EMI : near-death experience ou expérience de mort imminente est une expression désignant un ensemble de « visions » et de « sensations » consécutives à une mort clinique ou à un coma avancé. Ces expériences sont caractérisées par : la décorporation, la vision complète de sa propre existence, la vision d'un tunnel, la rencontre avec des entités spirituelles, la vision d'une lumière, un sentiment d'amour infini, de paix et de tranquillité, l'impression d'une expérience ineffable et d'une union avec des principes divins.

OBE : Le terme de Ouf of Body Experience, ou sortie "hors du corps" en français, désigne une expérience spontanée ou provoquée, pendant laquelle la conscience semble se décentrer par rapport au corps. Le sujet a l'impression de voir depuis le plafond, de pouvoir voyager sans limites dans l'espace, etc.

Ostéonécrose : ostéonécrose (ou nécrose osseuse aseptique) est la mort d'un fragment de tissu osseux due à une interruption de la circulation sanguine et qui aboutit à un infarctus osseux.

Photon : Particule élémentaire (quantum) de la lumière. Un photon est un boson. Le nom photon vient du grec et signifie "lumière". En effet, le photon transmet l'interaction électromagnétique, la lumière étant un exemple d'onde électromagnétique.

Psychogénéalogie : Théorisée par le professeur Anne Ancelin Schützenberger au cours des années 1970, la psychogénéalogie instaure le principe selon lequel les événements traumatiques, les sources conflictuelles ou encore les secrets vécus par un ascendant auraient un impact sur le comportement de ses descendants et expliqueraient certains de leurs comportements.

Souvenir Mental : Le souvenir mental provient de la capacité du cerveau à se souvenir d'un moment précis. Cependant rien ne prouve que ce souvenir soit juste. Il correspond au traitement que notre propre conscience (et surtout notre inconscient) en aura fait. Il est parfois plus facile de transformer, occulter, oublier pour avoir la force de continuer à vivre. Je mets souvent en comparaison le souvenir mental et la mémoire corporelle.

TED : « (Technology, Entertainment and Design) Les conférences TED sont une série internationale de conférences organisées aujourd'hui dans le monde entier. Le principe étant de traiter d'un sujet en vingt minutes.

Telluriques (courants) : se dit de courants électriques circulant dans le sol, dont les variations sont liées aux variations externes du magnétisme terrestre et de la conductivité du sous-sol.

Terra incognita (une) : (du latin signifiant « terre inconnue ») est un territoire qui n'a pas encore été exploré par l'homme, ou par les explorateurs, voyageurs et marchands européens. L'expression « terra incognita » étant liée à la découverte et aux grands espaces, est par conséquent fréquemment utilisée dans le domaine de la connaissance et de la recherche.

Tronc Cérébral (le) : il appartient au système nerveux central, et plus particulièrement à l'encéphale. Il est situé dans la fosse crânienne postérieure, sous le cerveau et en avant du cervelet. Il est structuré en continu avec la moelle épinière et est relié au cerveau ainsi qu'au cervelet.

Yi Jing ou Yi King : (prononcé en français « i ting ») est un manuel chinois dont le titre peut se traduire par « Classique des changements » ou « Traité canonique des mutations ». Son élaboration date du Ier millénaire avant l'ère chrétienne, à l'époque des Zhou (1027 - 256 av. J.-C.). Il occupe une place fondamentale dans l'histoire de la pensée chinoise et peut être perçu comme un traité unique en son genre, dont la finalité, est de décrire les états du monde et leurs évolutions. Il est considéré comme le plus ancien texte chinois existant.

Pour aller plus loin

Retrouvez le programme des ateliers, des formations, des conférences sur le site :

www.latherapiedumieuxetre.fr